O PODER DE SERVIR AOS OUTROS

CB132226

GARY MORSCH e DEAN NELSON

O PODER DE SERVIR AOS OUTROS

COMECE POR ONDE VOCÊ ESTÁ

Tradução
Icaro Bonamigo Gaspodini e
Fernanda Moreira Faria Mastri

LAROUSSE

Título original em inglês: *The power of serving others - You can start where you are*
Publicação autorizada por Berrett-Koehler Publishers, São Francisco
Copyright © 2006 by Gary Morsch e Dean Nelson
Copyright da edição brasileira © 2008 by Larousse do Brasil
Todos os direitos reservados. Nenhuma parte deste livro pode ser reproduzida sob quaisquer meios existentes sem autorização por escrito dos editores.

Edição brasileira
Gerente editorial **Solange Monaco**
Editor **Isney Savoy**
Preparação de texto **Eliel Silveira Cunha**
Revisão **Maria Aiko**
Capa **Richard Adelson**
Adaptação de capa **Bruna Lis Bortolotto**
Diagramação **Renné Ramos**
Produção gráfica **Marcelo Almeida**

Dados Internacionais de Catalogação na Publicação (CIP)
(Câmara Brasileira do Livro, SP, Brasil)

Morsch, Gary
O poder de servir aos outros / Gary Morsch e Dean Nelson ; tradução Icaro Bonamigo Gaspodini e Fernanda Moreira Faria Mastri. -- São Paulo: Larousse do Brasil, 2008.

Título original: The power of serving others.
Bibliografia.
ISBN 978-85-7635-357-7

1. Altruísmo 2. Caridade 3. Comportamento de ajuda 4. Trabalho voluntário I. Nelson, Dean, 1954-. II. Título.

08-05533 CDD-171.8

Índices para catálogo sistemático:
1. Altruísmo : Ética : Filosofia 171.8

1ª edição brasileira: 2008
Direitos de edição em língua portuguesa, para o Brasil, adquiridos por Larousse do Brasil Participações Ltda.
Av. Profa. Ida Kolb, 551 – 3º andar – São Paulo – SP – CEP 02518-000
Telefone: (11) 3855-2290 – Fax: (11) 3855-2280
E-mail: info@larousse.com.br
www.larousse.com.br

Para Vickie e Marcia, esposas, pois, quando pensamos em vocês, temos vontade de parafrasear Louis Armstrong e cantar "*E pensamos conosco, que mundo lindo!*".

Conteúdo

Prefácio

Olhe de novo a capa do livro. A mão está segurando algo que está crescendo. Mesmo que agora essa planta seja pequena, suas raízes crescerão muito fundo e seus ramos se espalharão. Fornecerá força ou sombra ou beleza à sua volta. Poderia crescer em um jardim ou em uma floresta, mas crescerá, porque isso é o que pretende fazer.

E, enquanto cresce, mudará o mundo ao redor.

Este livro é sobre a mudança de nosso mundo. Não é sobre uma revolução, mas é revolucionário.

Este livro é sobre servir aos outros – olhar para os outros como pessoas que podem estar precisando de ajuda. É sobre olhar para as nossas mãos e ver que elas já contêm o que os outros necessitam.

Este livro começa com algumas suposições – principalmente a de que as pessoas realmente querem ajudar os outros e fazer o mundo melhor, mas freqüentemente não sabem o que fazer. Também se supõe que as pessoas estejam procurando pelo sentido e pelo significado da vida, mas não sabem encontrá-los. Elas tentaram acumular riqueza, tentaram aumentar a diversão, tentaram exercitar a autoridade, mas essas tentativas as deixaram vazias. O livro supõe que as pessoas estejam se perguntando: Para que estou aqui? Ele sugere que estamos procurando por algo e não sabemos para onde olhar.

Este livro mostra que as respostas às perguntas importantes da vida são simples, mas não fáceis.

Este é um livro que traz algo extraordinário: que a verdadeira fonte do poder em nossa vida, o poder de mudar o mundo, está disponível quando servimos aos outros. Vi isso logo que percebi o impacto na vida de Gary Morsch e da Heart to Heart International, a agência de auxílio internacional que ele criou.

Nossos caminhos se cruzaram algumas vezes nos anos 1970 e 1980, mas nunca tivemos uma conversa de verdade até 1991. Ele estava em Nova York para uma reunião de bancada do Lamb's Club, um centro de artes e serviço comunitário perto da Times Square. Eu estava em Nova York trabalhando em um projeto do *The New York Times*. Eu havia alugado um apartamento no Lamb's Club, a algumas quadras do prédio da Times Square.

Certa noite, alguns dos membros do Lamb's Club assistiriam à *As Vinhas da Ira* em um teatro da Broadway e me convidaram para ir junto. Sempre me emocionei com a história dos Joads, que viviam uma situação desesperada atrás da outra enquanto se mudavam de Oklahoma para a Califórnia durante os tempos do Dust Bowl. Fiquei especialmente chocado com o final quando, mesmo parecendo que ninguém mais tinha algo sobrando, encontraram uma maneira de ajudar a alguém ainda mais desesperado do que eles.

Quando o show terminou, a maior parte do nosso grupo se dirigiu ao metrô, mas Gary e eu caminhamos juntos de volta ao Lamb's Club. Começamos a falar sobre o que queríamos fazer de nossa vida. Eu disse a Gary que queria escrever a respeito de alguma coisa que importasse. Ele me disse que queria encontrar uma maneira de ajudar pessoas que estivessem sofrendo. Ele achava que devia haver uma maneira de encontrar recursos sobrando e dividir com pessoas que deles necessitavam. Acabamos andando pela noite de Nova York durante horas.

"Eu penso que, lá no fundo, todas as pessoas querem ajudar as outras", ele disse. "Elas apenas não sabem como. Não seria algo extraordinário combinar os desejos dessas pessoas com as necessidades do mundo?"

Era um conceito muito grande para que eu pudesse colocar meu cérebro a pensar, mas lembro-me de ter pensado "Se você descobrir como, eu adoraria escrever sobre isso".

Desde então Gary deu início à Heart to Heart International, organização de auxílio internacional que reúne milhares de voluntários com desejo servir a outras pessoas que necessitam desesperadamente de ajuda. A organização ganhou o respeito dos governos e de corporações em todo o mundo. Com gastos operacionais de 2 por cento (muitas agências trabalham com algo entre 40 e 50 por cento), é uma das agências mais eficientes no mundo.

Os voluntários são a chave – pessoas querendo ajudar outras. O que observei sobre as pessoas que se oferecem como voluntárias é que seus olhos se abrem para as necessidades em seus próprios bairros e comunidades, mesmo em seus próprios lares, e servir aos outros começa a fazer parte do estilo de vida delas. Elas enxergam o poder disponível para mudar a maneira como vêem o mundo, os outros e a si mesmas.

Uma das maiores transformações que observei foi que, quando as pessoas começaram a servir a outras, elas viram quão fácil era começar, independentemente das circunstâncias, dos recursos e de onde estivessem.

Não precisamos ir para partes distantes do mundo para servir. Podemos servir à próxima pessoa que encontrarmos.

Essa é a conclusão que espero que você tenha ao ler esta obra.

Este livro articula as filosofias pessoais tanto de Gary como a minha. Tendo narrado a maioria das experiências de Gary, tomamos a decisão de escrevê-lo inteiramente em sua voz. Há dois autores, mas apenas uma voz editorial. É como dois músicos cantando em uníssono.

Veja mais uma vez a capa do livro. Ao ler este livro, você verá como essa planta pode crescer e sentir qual o seu propósito individual em crescer juntamente com ela.

Dean Nelson
San Diego, Califórnia

Agradecimentos

Este livro é a incorporação da mensagem que ele contém – que servir ao outro começa por onde estamos. Mindi McKenna, de Kansas City, nos ouviu falando sobre servir aos outros e ela nos serviu abrindo uma porta para Ken Blanchard. Então, Ken nos apresentou a Martha Lawrence, uma excelente editora, que nos incentivou dizendo que tínhamos uma mensagem que deveria ser ouvida. Martha nos apresentou a Steve Piersanti, da Berrett-Koehler Publishing. Steve nos pressionou, desafiou e estimulou para deixar a mensagem mais clara. Se nossa mensagem estiver clara, devemos em grande parte ao completo e cuidadoso tratamento de Steve. Se não estiver clara, a responsabilidade é estrita e unicamente nossa. Obrigados, Mindi, Ken, Martha e Steve.

Ambos temos esposas que compreendem o significado de servir aos outros. Em muitos momentos elas nos ensinaram como servir. É preciso muito tempo para reunir informações e escrever um livro como este. Normalmente isso ocorre com a privação de um bom tempo juntos. Assim, Vickie e Marcia, obrigados por enxergarem o valor deste projeto e obrigados pela compreensão durante o tempo necessário para produzi-lo.

Gary Morsch e Dean Nelson

Introdução

Faça a Pergunta

O objetivo final da busca não deve ser o alívio nem o êxtase para si mesmo, mas a sabedoria e o poder de servir aos outros.
Joseph Campbell[1]

No conto de Leon Tolstói "De Que Vivem os Homens", um sapateiro empobrecido encontra um homem despido morrendo de frio numa noite de inverno na Rússia. Só que o homem nu é um anjo que havia desobedecido a Deus. Ele havia sido requisitado por Deus para levar a alma de uma mulher que estava morrendo, mas sua ação deixaria duas crianças órfãs; o anjo não quis realizar a tarefa. De qualquer forma, a mulher morreu e o anjo foi banido do céu até que encontrasse resposta para três perguntas na Terra: Que é dado aos homens? O que não é dado aos homens? De que vivem os homens?

Pela compaixão do sapateiro e de sua esposa, o anjo aprendeu a resposta à primeira pergunta: Que é dado aos homens? *O amor é dado a todas as pessoas e habita o coração delas.*

Por intermédio de um rico homem exigente e orgulhoso, o anjo aprendeu a resposta à segunda pergunta: O que não é dado aos homens? O homem havia comprado botas extravagantes, mas morreu no mesmo dia e nunca as usou. *As pessoas não recebem o conhecimento de suas próprias necessidades.*

A terceira pergunta é a mais intrigante para mim, porque está no centro de tudo o que fazemos. É *a* pergunta central para todo ser humano: De que vivem os homens?

O que nos traz significado? O que nos faz viver uma vida que importe, em vez de uma como a do rico homem exigente na história de Tolstói, que morre sem saber? O anjo descobre a resposta.

"Eu aprendi que o homem não vive do cuidado para si mesmo, mas por amor aos outro", o anjo diz, logo antes de receber suas asas de volta. "Quando vim para a Terra como um homem, não vivi do cuidado comigo mesmo, mas do amor que estava no coração de um transeunte e de sua esposa, e porque foram amáveis e misericordiosos comigo." Em relação às crianças deixadas pela mãe que morreu, o anjo disse:

"Os órfãos não viveram por nenhum cuidado que tiveram consigo mesmos; viveram pelo amor que estava no coração de um desconhecido... E todos os homens vivem, não por causa do cuidado que têm consigo, mas pelo amor a eles que está em outras pessoas... É pelo amor pelos outros que eles vivem".[2]

Na história de Tolstói, o amor pelos outro é visto pela forma como as pessoas servem às outras. Devemos viver por meio do amor para outro.

Tendo crescido sob uma tradição religiosa, fui ensinado nesse princípio e descobri-o verdadeiro para mim, pessoalmente. Quando adulto, por ter estado em cada canto do mundo, vi que o amor para o outro é universal aos povos de todas as crenças, assim como para quem não possui nenhuma fé em particular. Nós vimos a evidência disso nos resultados do tsunami que devastou o Sri Lanka e a Indonésia, assim como os furacões Katrina e Rita nos Estados Unidos.

Como um profissional de auxílio e médico, em algumas das piores circunstâncias imagináveis, vejo pessoas ajudando outras com necessidades. Geralmente são desconhecidos uns dos outros; freqüentemente são de diferentes tribos, raças e classes econômicas ou sociais. O que os une é que alguém está precisando e outra pessoa pode fornecer a ajuda.

Com essa experiência em mente, cheguei às seguintes conclusões:

1. Todos têm algo para dar.
2. A maioria das pessoas está disposta a dar quando vêem a necessidade e têm a oportunidade.
3. Todos podem fazer algo por alguém agora mesmo.

Cientistas de universidades que estudam o cérebro estão descobrindo que servir ao outro depende tanto de nosso código genético quanto do próprio interesse. Como médico, logo percebi isso. Kristen Monroe, professora de psicologia política da Universidade da Califórnia, Irvine, diz que as pessoas agem com altruísmo, uma devoção ao bem-estar do outro, quando enxergam sua humanidade em comum. Para dizer a verdade, pude ver isso nos resultados de furacões, guerras e epidemias. Quando vemos os outros como seres humanos, suas necessidades tornam-se reais a nós, e nós respondemos.

"O modo dominante na ciência social, na biologia evolucionária, na psicologia, e em muitos outros campos é supor que todos são interessados por si mesmos", diz a professora Monroe. "Mas isso é ciência ruim. O altruísmo mostra que isso não é verdade."[3]

Os pesquisadores C. Daniel Batson e Nancy Eisenberg, da Universidade do Estado do Arizona, demonstraram que os seres humanos têm tendência ao comportamento altruístico.[4] A socióloga Linda Wilson sugere que o altruísmo pode ser um instinto básico de sobrevivência. Wilson estudou mais de cem desastres naturais e descobriu que vítimas que ajudam outras vítimas ajudam-se mutuamente na recuperação. Vítimas que se ajudam tendem a evitar alguns dos problemas psicológicos que normalmente estariam presentes, diz Wilson.[5]

"A tendência de ligar-se intimamente a alguém, agindo pelo bem-estar de outros assim como pelo próprio, pode estar profundamente enraizada na natureza humana, formada num passado remoto como aqueles que se ligaram e tornaram-se parte de um grupo para aumentar as chances de sobrevivência", disse Howard Cutler em seu livro com o Dalai Lama, *A Arte da Felicidade*. Cutler, um médico, disse que estudos levaram à descoberta de que pessoas mais focadas em si mesmas têm mais possibilidade de desenvolver doenças cardíacas, mesmo quando outros comportamentos são controlados.[6] Como médico, tenho visto isso em minhas próprias experiências.

Depois que sua família foi morta no Holocausto, Samuel Oliner, um sociólogo da Universidade do Estado de Humboldt, devotou sua vida a estudar por que pessoas cometem atos de violência e por que pessoas fazem o bem. Seu interesse sobre o porquê de as pessoas fazerem o bem foi provocado quanto estudava os salvadores de judeus do Holocausto, recebedores da Medalha de Honra, voluntários de hospícios e dos resgates dos ataques do 11 de Setembro.

"Sem carinho, compaixão e amor é muito duro imaginar que o mundo pode ser melhorado", ele disse. "O altruísmo pode ser o antídoto mais potente de um mundo dividido."[7]

Servir ao outros foi até mesmo citado como uma necessidade social. O historiador Daniel Boorstin disse que americanos das colônias e das fronteiras formaram grupos para fazer pelo outro o que não podiam fazer sozinhos em questão de sobrevivência. Peregrinos garantiram no Mayflower Compact: "todos cuidarão dos bens de todos e do todo, por todos e mutuamente".[8] Servir aos outros está escrito na história do nosso país. Mais de duzentos anos depois, o vice-presidente Al Gore disse, numa conferência sobre o futuro da América: "Voluntarismo é bom para a alma e bom para o país". O psiquiatra Alfred Adler disse que a melancolia poderia ser curada em catorze dias se "você tentasse pensar diariamente em como satisfazer alguém".[9]

Enquanto as evidências científicas mostram que somos ligados pelo altruísmo, ainda há uma escolha em jogo. A beleza da escolha é que, quando escolhemos servir aos outros, ocorre algo maravilhoso.

No início, quando me tornei médico, eu quis gastar uma parte do meu tempo com pessoas que não podiam ter acesso aos cuidados médicos apropriados. Esse desejo surgiu por observar o meu pai. Algumas pessoas que bebiam demais apareciam em nossa casa e meu pai lhes dava algo para comer. Quando encontrava uma pessoa pobre, sempre dava alguma coisa, geralmente comida ou dinheiro.

Eu havia decidido na escola de medicina que devotaria algum tempo para a prática da medicina a pessoas que não tivessem cuidados adequados. Todos os anos eu enchia mochilas com remédios e viajava a um país do Terceiro Mundo. Passei algumas semanas na Ucrânia (em Chernobyl), na China, na Índia e em outras partes do mundo, sozinho.

A semente do serviço foi plantada em mim com a atenção voltada a meu pai. Ele provavelmente herdara isso observando seus pais. Então ela cresceu quando eu estava na escola médica, muito parecida com a pequena planta na capa deste livro.

A semente começou a produzir um carvalho quando fiz alguns comentários particulares no Rotary Club muitos anos atrás. As observações ressonaram na platéia de uma maneira que eu não poderia ter antecipado e a resposta resultou em eu ter deixado a prática médica integral e iniciado uma agência humanitária global.

Os comentários aos rotarianos vieram depois de eu ter passado algumas semanas em um acampamento num campo de refugiados cambojanos, tratando quantas pessoas o tempo e os suprimentos permitiram. Enquanto me sentava à mesa com negociantes locais, nosso líder anunciou que o palestrante do dia havia cancelado no último minuto. "Talvez o dr. Morsch possa nos falar sobre seu trabalho no Camboja."

Andando em direção ao microfone eu não tinha idéia do que falaria, mas nunca perco a oportunidade de falar em público sobre algo que signifique tanto para mim. Naquele dia eu contei ao grupo sobre os refugiados e sua horrível situação. As pessoas da platéia conseguiam pensar nos refugiados como seres humanos e não como estatísticas ou novas histórias. Então lancei um desafio. Não sabia o que estava prestes a fazer. Eu não estava pregando, apenas estava sonhando em voz alta.

"Por que nós, que somos mais prósperos do que 98 por cento do resto do mundo, não encontramos um grupo ou um lugar ou um projeto para se comprometer e fazer algo para ajudar alguém que sofre?"

Voltei para minha mesa.

"Apenas diga-me quando aparecer e o que preciso trazer" foi a imediata e surpreendente resposta.

Em algumas semanas nós identificamos um edifício da YMCA* em Belize que havia sido danificado por um furacão e permanecia inabitado. Havia sido usado como um centro comunitário, um edifício educacional e uma clínica de saúde pública. Nosso grupo do Rotary coletou fundos e alguns de nós voamos para Belize e reconstruímos o edifício, que voltou a ser um lugar de serviço comunitário.

* ACM, Associação Cristã de Moços, no Brasil. (N. do E.)

As pessoas ficaram encantadas e gratas. Algumas pessoas de negócios daquela viagem – homens e mulheres que conduziam ou possuíam negócios bem-sucedidos – me contaram que aquela havia sido a coisa mais significante que haviam feito na vida. Eles sentiram que sua vida *tinham sentido* quando estavam ajudando alguém. Eles ajudaram alguém de forma concreta, e isso fez com que se sentissem vivos. Muitas coisas podem causar esse efeito. Isso os trouxe para a vida.

Aquilo me lembrou de uma cena do filme *A Cidade da Esperança*, em que Patrick Swayze faz o papel de um cirurgião bem-sucedido que foge do dinheiro e do prestígio de um centro médico de Houston para ser médico em Calcutá. "Nunca me senti tão vivo como agora", ele declara. Essa é a busca humana.

Segundo o filósofo Joseph Campbell, "As pessoas dizem que o que realmente estamos procurando é um significado para a vida. Não acho que seja isso que estamos procurando, na verdade. Acho que o que estamos procurando é uma experiência de estarmos vivos, para que nossas experiências de vida no plano puramente físico tenha ressonância dentro de nosso ser e nossa realidade, para que então sintamos o êxtase de estarmos vivos".[10]

Um ano depois da nossa viagem a Belize, alguns de nós viajamos para a Rússia para levar suprimentos a um hospital que estava em baixa com quase tudo: agulhas, gaze, antibióticos, luvas. Nós poderíamos ter mandado os suprimentos, mas sabíamos que levá-los pessoalmente seria bem melhor. A resposta que recebemos dos doutores, enfermeiros e pacientes confirmaram isso. Uma coisa era conseguir renovar o estoque das prateleiras de curativos e remédios. Mas para os russos foi muito mais importante saber que nos preocupamos com eles a ponto de viajar até lá. Esse serviço cara a cara fez a diferença *para eles* e *para nós*. Sentimos que havíamos feito amizade para a vida toda com essas pessoas que um dia já haviam sido consideradas "inimigas".

Fui motivado por viagens como essa e em 1992 iniciei a Heart to Heart International, uma organização que procura por pessoas necessitadas, utilizando voluntários que possam suprir tais necessidades. A resposta global é sempre a mesma. Pessoas *querem* ajudar outras. E nem sempre sabem como. Mas sabem que, dada a oportunidade, isso é o que dá sentido à vida. É disso que vivemos.

Hoje, empresas farmacêuticas manufaturam certos produtos além do que necessitam para que nos sejam doados quando realizamos o transporte aéreo de medicamentos até regiões de desastres naturais ou políticos. O Departamento de Estado dos Estados Unidos nos dá acesso aos seus aviões de carga para que possamos atingir grupos numerosos de pessoas em necessidade pelo mundo todo. Televisões nos procuram para saber se podem transmitir os fatos. Voluntários se aglomeram num piscar de olhos, desejando servir aos outros. Com o trabalho dos voluntários, a Heart to Heart International consegue manter os custos adicionais em 2 por cento ou menos.

Eu não pretendia criar uma agência humanitária. Eu fazia a mesma pergunta que o personagem do conto de Tolstói: de que vivemos? Estamos aqui para fazer o quê? Descobri o que ele havia descobrido: que é do amor pelos outros que vivemos. E eu queria dar a outros a oportunidade de fazer a mesma coisa.

Meu pai fazia pequenas coisas para as pessoas. Ele me mostrou que o serviço não está limitado aos grandes atos dramáticos. Nunca o vi salvar alguém de um edifício em chamas, mas o via fazendo pequenas coisas – oferecer carona, dinheiro, comida e tempo para as pessoas – todos os dias. Servir era seu estilo de vida. E tornou-se o meu. Quem diria que o estilo de vida de serviço do meu pai cresceria na forma de uma agência internacional que dá às pessoas a chance de viver como ele viveu, só que em escala global?

Ainda trabalho como médico, mas, para acomodar meu tempo com a Heart to Heart International, trabalho apenas alguns dias do mês em ambulatórios de pequenas cidades. O resto do meu tempo é gasto arrecadando medicamentos e voluntários para auxiliar outras pessoas pelo mundo todo. Já trabalhei com pessoas que sofreram atrocidades inimagináveis e estiveram em lugares horríveis. Vi pessoas servindo a outras nessas situações e testemunhei como tal ação transforma tanto a pessoa que serve como aquela que está sendo servida.

No final de *Os Irmãos Karamázov*, de Dostoiévski, depois que um dos irmãos é condenado por matar seu pai, outro irmão arde em febre e outro comete suicídio. A corrupção humana, a traição e a violência tornam-se mais severas a cada página – Alyosha, o irmão mais novo, encontra um grupo de crianças que estão tristes porque um dos colegas da escola havia morrido. E quando se pensava que não haveria fim para a angústia dos meninos nem para o sofrimento humano, ou que estavam todos destinados a uma vida de desespero, Alyosha lembra aos meninos que eles estavam mostrando carinho ao menino morto e que nunca deveriam se esquecer de como se sentiam. Alyosha pede que se lembrem: "Sim, houve um momento em que fui bom, generoso e corajoso".

"Vocês não precisam ter medo da vida", ele continua, "a vida é maravilhosa quando você faz algo que é bom e justo."[11]

O filósofo Huston Smith, um dos pensadores mais claros que já li, disse que maior poder que podemos ter na vida é "o poder de decidir o que queremos fazer de nossa vida, o que queremos dar a ela".[12]

Neste livro você lerá sobre os resultados do 11 de Setembro, os ataques terroristas de 2001 contra Nova York e Washington, DC; sobre um ato inexplicável e uma resposta amorosa em Kosovo; sobre a silenciosa revolução interna de um revolucionário do Panteras Negras; e sobre inúmeros outros encontros que revelam a natureza boa e justa que habita o interior de cada um de nós. São histórias que vêm de minhas experiências e observações e que testemunham a experiência do anjo do conto de Tolstói: Nós vivemos para servir e amar aos outros.

As histórias neste livro apontam para lições maiores e mostram para pessoas de todas as idades, níveis de renda e especialidades como encontrar o significado de sua vida, onde quer que estejam. As histórias mostram que servir a outro é mais fácil e mais acessível do que você pode pensar. Você verá que exemplos de como pequenas semeaduras se tornam árvores gigantes.

Por meio dessas histórias espero que as pessoas sejam capazes de ver que o mundo – não importa o quão pequeno, grande, mundano ou estarrecedor ele possa parecer – precisa de cada um de nós fazendo parte dele e servindo aos outros *com o que quer que tenhamos no momento.* Nosso serviço não precisa mudar o mundo. Mas o mundo de todos mudará quando descobrirmos o que o anjo descobriu na história de Tolstói. Vivemos pelo amor aos outros. Amamos os outros servindo a eles.

Espero que todos possam ver a possibilidade de viver dessa maneira. O escritor Mitch Albom viu isso quando começou a visitar seu professor que estava morrendo, Morrie, e gravou suas experiências no belo *A Última Grande Lição*. Escritor esportista, Albom estava fazendo a cobertura do torneio de tênis de Wimbledon, cercado de profissionais da mídia e atletas envolvidos em seus trabalhos, quando lembrou-se de algo que Morrie lhe havia dito.

"Tantas pessoas andam por aí em uma vida sem sentido", Morrie havia dito. "Elas parecem semi-acordadas, mesmo quando estão ocupadas fazendo coisas que consideram importantes. Isso é porque estão procurando as coisas erradas. A forma de trazer sentido à vida é devotar-se para amar os outros, devotar-se para a comunidade ao seu redor e devotar-se a criar algo que lhe traga sentido e propósito."

Albom levou isso em consideração em meio ao tumulto de pessoas em Wimbledon e disse: "Eu sabia que ele estava certo. Não que eu tenha feito alguma coisa sobre isso".[13]

Por que é tão difícil agarrar esse conceito? Por que algumas pessoas, como Mitch Albom naquela época, reconhecem que o conceito é certo e no entanto não fazem nada? Por que a maioria de nós não vive *naturalmente* essa maneira do servir ao outro? Quais os obstáculos que existem para se viver em um nível tão facilmente atingível?

Talvez o obstáculo preliminar seja medo do desconhecido. Não sabemos no que estamos entrando. As coisas tendem a ficar mais bagunçadas e mais complicadas do que aparentam ser. Temos medo de que servir aos outros nos leve até onde nos falta energia emocional para seguir em frente.

Talvez a hesitação venha de uma personalidade introvertida. Algumas pessoas apenas são tímidas e se sentem extremamente desconfortáveis e aparentemente intrusivas em contato com os outros. Madre Teresa era assim mas era extrovertida!

Talvez as pessoas não sirvam às outras por acharem que não têm dinheiro ou tempo. Quem tem tempo de ajudar os outros quando se está sendo esvaziado? E numa economia apertada, parece haver muito pouco dinheiro sobrando quando realizamos nossas inúmeras obrigações.

Talvez algumas pessoas não sirvam simplesmente por não saberem quais são as necessidades dos outros ou o que podem fazer por eles – uma falta de informação.

Talvez seja falta de oportunidade.

Talvez sintam haver algum risco. Com Mitch Albom, o risco de ficar envolvido com a vida de Morrie era que ele sabia que teria de confrontar o quão distante e vazia era sua vida naquele momento.

Talvez as pessoas não sirvam aos outros porque elas podem ter motivos inconfessáveis – suspeitando que possam querer tirar vantagem disso em vez de um puro desejo de ajudar os outros.

Acho que nossos motivos sempre serão misturados.

Robert Coles, professor em Harvard, disse a Dorothy Day, do Movimento do Trabalhador Católico, que ele tinha dúvida sobre seus motivos de servir aos outros. Ela disse: "Se proibíssemos hipócritas de trabalhar conosco, não haveria ninguém para fazer o trabalho e ninguém para proibir".[14]

Mas há ao menos outra razão para que pessoas não sirvam a outras, na minha opinião, e espero que este livro possa mudar essa percepção:

As pessoas simplesmente não sabem o quanto isso é fácil.

Em meus anos como médico visitei milhares de quartos de hospital e casas de repouso. Nunca vi sequer um quarto decorado com algum troféu, placa, contrato ou declaração bancária que pertencesse ao paciente. Nunca vi fotos da casa de um paciente em nenhum desses quartos. Mas em quase todos eles encontrei cartões enviados por pessoas próximas, desenhos feitos por crianças, expressões de amor e esperança vindas das pessoas que os amavam.

Não precisamos esperar que estejamos em um quarto de hospital para descobrir o que é realmente importante para nós. Podemos começar a prestar atenção agora, tomando conta das pessoas ao nosso redor e fornecendo-lhes esperança.

Este livro não contém sete passos ou sete hábitos. Não é uma sopa para sua alma. Mas com certeza contém lições – algumas contra-intuitivas – para que possamos considerar seriamente do que vivemos. As respostas serão variadas para cada um de nós, mas a pergunta é a mesma.

De que vivemos? Acredito que você encontrará algumas respostas nas páginas seguintes. Acredito que você verá que pode começar com algo pequeno, algo que está em suas mãos neste exato momento. Espero que este livro instrua, inspire e incentive a todos a servir ao outro. Isso nos guiará até algo que temos procurado desde sempre.

Capítulo Um

Entre no Barco

Tenha compaixão. Tenha responsabilidade pelo outro. Se pudéssemos aprender essas lições, este mundo seria um lugar muito melhor.
Morrie Schwartz[1]

Vi as mesmas imagens que você viu: telhados que mal apareciam por cima da água, corpos flutuando nos rios, o Superdome lotado de pessoas e lixo, ondas de pessoas tentando escapar das enchentes e também os abrigos. Saqueadores, soldados, políticos, moradores e jornalistas à beira de um ataque de nervos, geralmente na televisão.

Quando cheguei a Nova Orleans alguns dias depois da passagem do furacão Katrina em setembro de 2005, cabines telefônicas pareciam dedos torcidos de um mostro subterrâneo. Copas de árvores haviam sido arrancadas. Pedaços de aço pendiam das estruturas como se ainda estivessem resistindo ao vento.

Eu estava em um *trailer* com alguns trabalhadores voluntários, tentando descobrir para onde deveríamos mandar as clínicas móveis e os carregamentos de remédios. Os outros poucos veículos que estavam na rua eram ou veículos de emergência ou militares, todos altamente armados. O único engarrafamento verdadeiro ocorria no céu. Centenas de helicópteros sobrevoavam o local. Não havia nenhum habitante. Parecia o fim do mundo.

A caminho do West Jefferson Hospital – um dos três que estavam abertos na paróquia –, acabamos nos perdendo. Os mapas eram inúteis, porque as estradas estavam destruídas. Guaritas de observação nos fizeram voltar. Quando chegamos a uma colina em Veterans Boulevard, encontramos policiais com armas automáticas que vieram até nós. Retiramo-nos sem acreditar no que vimos pelo retrovisor. Não havia estrada à frente. A comunidade toda estava debaixo da água. Eles estavam preocupados com os corpos, disseram mais tarde.

Uma velha senhora aproximou-se dos homens de uniforme.

"Vocês estão levando as pessoas deste bairro para que vejam suas casas?", ela perguntou.

"Não. Talvez dentro de algumas semanas. No momento estamos tentando retirá-los, não levá-los."

Ela virou-se para mim.

"Você pode me levar para ver minha casa? Eu gostaria de ver o que sobrou antes de ir embora para sempre."

Com a água batendo na cintura caminhava um homem sujo, com a barba malfeita, parecendo o Al Pacino, com um cigarro na boca e um atrás de cada orelha. Ele estava desamarrando seu barco de pesca de um galho de árvore.

"Você pode levar esta senhora para que veja sua casa?", gritei para ele.

Ele olhou para ela.

"Qual seu endereço?"

Ela disse aele.

"Somos vizinhos. Entre no barco."

Ela olhou para a água. Era uma cor não encontrada na natureza, cheia de animais flutuando, lixo e escombros. Pútrida. Tóxica. Doente.

"Espere aí", ele gritou para ela. Ele saiu da água e, como se fosse um bombeiro, carregou-a para o barco, gentilmente acomodando a mulher dentro dele. Ele voltou para pegar a sobrinha de 60 anos e colocou-a do lado da tia. Então olhou para mim.

"Não vou carregar você. Se quiser ir, entre."

Caminhei pela água até entrar no barco, lembrando da última vez que havia distribuído remédios para as doenças que agora encharcavam minhas calças jeans.

O que aquele homem estava fazendo era servir a suas vizinhas, do mesmo modo que muitos fizeram durante aquela catástrofe. Uma mulher precisava de uma carona. Ele tinha um barco.

Passamos de barco ao lado (e acima!) da igreja da mulher, pela escola onde seus filhos estudaram e pelas lojas de conveniência da vizinhança, que foi circundada pelo nosso condutor enquanto ele agarrava alguns pacotes de cigarro que flutuavam sobre o teto.

"Suponho que agora eu seja um ladrão", ele confessou.

Desligou o motor a algumas casas do nosso destino e um silencioso momento nos acompanhou até o resto do caminho. A proa do barco colidiu delicadamente contra as inúteis calhas da casa. Nossa companheira tinha vivido naquela casa por setenta e nove anos.

"O carvalho parece estar bem", ela disse olhando para o topo, que era a única parte visível. Quem sabe quantas memórias de infância aquela árvore continha? Olhou para a casa durante longos minutos, do jeito que olhamos para lápides em cemitérios. Ninguém falou nada.

"O telhado se foi", disse finalmente.

"Há algo que você deseja pegar?", perguntei-lhe.

"Eu tenho a minha vida", ela disse. "Não há nada lá dentro que eu não possa substituir."

"Vocês não vão querer encalhar aqui depois de escurecer", anunciou o barqueiro, ligando o motor.

Na viagem de retorno, a hélice parou momentaneamente após ter batido em um veículo submerso.

Caminhando de novo rua acima, a senhora completamente seca e eu completamente encharcado, perguntei a ela se já havia chorado.

"Não consegui", ela disse. Então virou-se para me olhar diretamente nos olhos. "Parece que eu morri e acordei. Aquela é minha antiga vida, ali na água. Acabou. Agora preciso ir em frente."

Os três furacões que atingiram os Estados Unidos e a América Central em 2005 – Katrina, Rita e Wilma – expuseram algumas falhas sérias quanto à forma como lidamos com desastres. Voei para uma base aérea em Nova Orleans e fui imediatamente atingido pelas preocupações dos bombeiros locais. Eles não conseguiam se comunicar com outros serviços de emergência. Não sabiam onde estavam os mais necessitados.

Também conversei com diretores dos centros de operações de emergência. Disseram-me que não conseguiam, de forma alguma, entrar em contato com governos locais, estaduais ou nacionais para avisar do que precisavam. Fui interpelado por um trabalhador da

Cruz Vermelha que dirigia uma picape carregada com centenas de caixas de alimentos.

"Eu tenho todo este alimento, mas não sei aonde levá-lo", disse ele com a frustração na voz. "Eu não sei quem o necessita."

Deu-me dúzias de caixas de refeições prontas para ser consumida para distribuir a qualquer um que parecesse estar com fome. Em poucos quilômetros encontrei um prédio de apartamentos onde pessoas haviam ficado presas desde a tempestade, sem comida, água, eletricidade nem gelo. A comida apodrecia em minutos.

Os furacões expuseram falhas nos serviços do governo, nos sistemas de comunicação e em liderança.

Mas eles também expuseram algo mais.

Quando pessoas de todo o mundo viram as necessidades de pessoas que estavam presas ou abandonadas, largaram tudo e correram para perto. Voluntários estavam em cena dias antes de as agências do governo terem se desdobrado. As pessoas que viram as necessidades e apareceram para ajudar não eram *organizadas*. Elas apenas apareceram.

Caravanas de caminhões alugados carregados com alimento, água, barracas, geradores e outros suprimentos começaram a chegar de estados que ficavam a quilômetros de distância, tudo pago por cidadãos comuns. Indivíduos fretaram aviões para tirar pessoas presas no Superdome de Nova Orleans e levá-las para um lugar mais seguro. Médicos e enfermeiros chegaram, sem esperar nenhum tipo de licença de trabalho do estado. Estudantes entraram em seus ônibus escolares e furgões e correram para o sul. Escolas vizinhas e indivíduos fizeram coleta de fundos em todo o país. Igrejas e empresas das comunidades afetadas deixaram suas portas abertas para fornecer abrigo para as vítimas e para os voluntários auxiliares.

Algumas coisas ruins aconteceram lá, também. Gostaria que não tivessem acontecido. São coisas da natureza humana que enxergamos mais do que com as quais nos importamos: tiros, roubo, pessoas levando vantagem sobre quem não podia se defender.

Mas o outro lado da natureza humana, representado pelas pessoas que querem ajudar, pessoas que têm algo a dar (seu tempo, seus recursos, suas especialidades), pessoas que agem imediatamente, mostrou-me que servir aos outros se dá de forma tão natural quanto qualquer outro de nossos comportamentos. O que vi nos efeitos causados pelo furacão sublinha o que foi dito na Introdução:

- Todos têm algo para dar.
- Todos podem fazer algo agora.
- Muitas pessoas estão dispostas a dar se lhes for apresentada a oportunidade.

Também me revelou que não falamos muito sobre isso na nossa cultura. Simplesmente não há programas governamentais pelo mundo que dêem conta de suprir as necessidades de todos. Não há sequer agências suficientes nos Estados Unidos, o país mais rico do mundo. Não há suficientes Femas – Federal Emergency Management Administration (Administração de Orientação de Emergência Federal) –, não há guardas nacionais suficientes, não há corpos de bombeiros suficientes, não há corporações suficientes, não há suficientes dólares de imposto.

Há, no entanto, *pessoas* suficientes.

Aprendemos com os furacões que se esperarmos pelo governo – *qualquer* governo – terá sido tarde demais. O governo e as grandes empresas não podem suprir todas as necessidades. Eles não conseguem se mexer suficientemente rápido ou de modo eficiente. Em 2005 vimos dezenas de milhares de pessoas que não quiseram esperar. Esperar significaria a morte e o sofrimento de muitas elas. Então os voluntários responderam e salvaram os outros. Os diques de compaixão, amor e serviço mantiveram-se firmes.

Indivíduos, bairros e igrejas responderam como se tivessem nascido para esse tipo de situação, *que é exatamente o meu ponto!*

Quando as notícias do furacão Katrina se espalharam, nossos escritórios na Heart to Heart ficaram congestionados com ligações telefônicas. Nosso pessoal trabalhou até tarde da noite e em fins de semana apenas atendendo ligações de pessoas que ofereciam ajuda.

"Sou técnico em emergência médica e posso ajudar", disse um dos indivíduos. "Tenho uma entrevista de emprego amanhã, mas esqueça isso. Posso trocar de emprego outra hora."

"Posso dirigir caminhões de suprimentos se vocês precisarem de mim", disse outro. Motoristas voluntários apareceram em nossas sedes de lugares distantes, desde São Francisco, apenas querendo ajudar. Um californiano que se apresentou havia acabado de voltar da guerra no Iraque.

Um homem, que convertera um semicaminhão em uma clínica médica móvel com planos de enviá-lo a um vilarejo na Bolívia, nos ligou e disse que poderia deixá-lo disponível em Nova Orleans antes de mandá-lo para a América do Sul.

Costco ligou. Fedex ligou. Kmart ligou. Companhias farmacêuticas ligaram. Tinham algo para dar. Estavam dispostos a servir porque viram a necessidade. Podiam fazer algo naquele momento; não quiseram esperar.

Instituições não podem salvar e não nos salvarão quando estivermos precisando de ajuda. E vamos admitir: nós todos necessitamos de ajuda, às vezes. O corolário é que também temos a necessidade de ajudar, às vezes. É isso que traz à nossa vida significado e sentido.

Nem todos podemos ter a oportunidade de ir a uma área de desastre. Na verdade, se muitas pessoas fossem para áreas de desastre, o resultado poderia ser uma confusão que aumentaria o problema. Mas os que de fato foram podem nos encorajar e nos inspirar a olhar à nossa volta em nossa própria vizinhança para que nos tornemos conscientes das necessidades dos outros. Os furacões expuseram os problemas que tinham estado ocultos ou ignorados por anos. Do mesmo modo, há pessoas ao seu alcance cujas necessidades não são óbvias. Não deve ser necessário que aconteça algo grandioso para que as vejamos. Olhe em volta. Podemos começar a servir aos outros exatamente onde estamos.

O teste não é o que você pode fazer nos efeitos causados por um furacão. É o que você pode fazer para a viúva que mora ao seu lado ou para uma mãe solteira da sua rua. Será que elas precisam de ajuda com suas incumbências? Seu vizinho necessita de alguém para ler para ele? Não se trata de esperar que desastres aconteçam. Trata-se de *não* esperar e servir *agora*. Estamos falando de uma mudança de consciência e estilo de vida que ocorre quando você simplesmente olha para o que está ao seu alcance e começa exatamente onde está.

Tenho certeza de que há alguém por perto a quem você pode servir. Você e a pessoa necessitada são vizinhos, assim como o "Al Pacino" e a velha senhora nos limites de sua comunidade submersa em Nova Orleans.

Você está olhando para o mesmo barco e a água está subindo.

É hora de entrar nele.

Capítulo Dois

Supere a Si Mesmo

Se falharmos no amor, teremos falhado em todo o resto.
Morrie Schwartz[1]

Um estetoscópio pode dar um andar vanglorioso a qualquer médico. Não sei por que ele sempre me faz sentir importante, mas às vezes, confesso, ele faz. E o fez durante uma visita ao Lar dos Moribundos de Madre Teresa. O próprio nome já é o suficiente para fazê-lo balançar a cabeça em sinal de desânimo. Fica em Calcutá, uma cidade que combina a densidade populacional com a pobreza intensa. Adicione o calor extremo e uma falta desesperada de serviços de saúde pública e, bem, você verá o cenário. O Lar dos Moribundos foi fundado pelas Missionárias da Caridade, uma ordem católica fundada por Madre Teresa. É para esse lugar que pessoas são levadas quando estão prestes a morrer, mas não possuem ninguém que se importe com elas, assim como não têm dinheiro para pagar alguém que o faça.

Conheci Madre Teresa anos antes, quando estava viajando pela Índia, pelo menos dez anos antes de iniciar a Heart to Heart. Testemunhei a compaixão que ela e outras pessoas tinham pelos pobres e prometi que voltaria para trabalhar ao lado dela algum dia. Na verdade, eu disse a ela que voltaria com remédios que ajudassem a aliviar a dor daquelas pessoas. Talvez os remédios pudessem salvar algumas vidas, eu disse. Ela sorriu, me agradeceu e apertou a minha mão. Ela apontou para uma caixa de remédios antigos que alguém havia coletado e mandado.

"Nós temos alguns remédios", ela disse.

"Trarei muito mais que isso, e não serão restos de americanos", eu disse a ela.

Muitos anos mais tarde, realmente retornei, dessa vez com noventa voluntários e 50 toneladas da remédios, que custaram mais de U$ 12 milhões. Tudo foi doado por empresas farmacêuticas. Nenhum remédio estava vencido. Foram feitos especialmente para serem usados em Calcutá. Posso dizer que Madre Teresa ficou contente.

Mas nós não queríamos apenas entregar os remédios e sair. Queríamos trabalhar ao lado das missionárias e fazer a diferença na vida de pessoas. Quando olho para trás, percebo que alguns de nós nos sentíamos orgulhosos. Havíamos chegado para fazer o bem.

Nosso grupo se dividiu em equipes de trabalho para visitar vários locais em toda a cidade. Minha pequena equipe foi ao Lar dos Moribundos com uma grande idéia. Estávamos prestes a aliviar sofrimento! Esse era o lugar onde o trabalho de Madre Teresa havia se iniciado. Tudo começou quando ela, uma jovem missionária albanesa, encontrou uma mulher agonizando na rua. A mulher estava coberta por insetos. Os ratos não esperaram a mulher morrer para começar o trabalho. As pessoas simplesmente passavam pela rua ao redor do corpo, como se a mulher fosse o lixo que alguém se negara a limpar.

Apavorada, essa recém-chamada irmã levantou a mulher e carregou-a até o hospital local. A equipe médica se recusou a tratar da mulher porque ela não podia pagar. Mas Madre Teresa exigiu o tratamento para a mulher e recusou-se a sair do hospital. Quando prometeu dar um escândalo, a equipe médica cedeu. Essa experiência rendeu a Madre Teresa a doação por autoridades municipais de um lugar para onde pessoas pudessem ser levadas quando estivessem morrendo, com a segurança de que seriam devidamente cuidadas em seus últimos dias. Milhares foram até lá ou foram deixados nos degraus das escadas, desde que o Lar abriu, em 1940.

O que me deixou indignado, como médico, é que muitas dessas pessoas morreram e estão morrendo de doenças curáveis. Disenteria é uma das principais causas de morte no local. É uma condição perfeitamente tratável com medicação adequada e água limpa. Outras pessoas estavam morrendo de doenças que haviam sido erradicadas em outros lugares.

Então, com todo o meu conhecimento e certeza sobre a medicina, cheguei ao Lar dos Moribundos. Eu tinha algo a oferecer, pensei. É o lugar perfeito para que um médico seja designado. Eu queria fechar aquele local. Com grande otimismo, olhei para a placa do lado de fora do prédio e pensei: "Logo mudarei essa placa e este lugar passará a se chamar Lar da Esperança dos Vivos". Sabia que eu faria a diferença.

Irmã Priscilla graciosamente cumprimentou nosso grupo e atribuiu-nos várias tarefas. Quando se dirigiu a mim, apresentei-me como um médico dos Estados Unidos. Coloquei meu estetoscópio em volta do pescoço. Eu sabia que aquele era um lugar onde não havia quase nenhum cuidado médico para aqueles "intocáveis" O que nós tínhamos para oferecer era milagroso. Minha mente começou a rever meu treinamento médico. Aquele era um lugar que precisava de mim.

"Sigam-me, por favor", guiava irmã Priscilla com seu leve sotaque britânico.

Entramos na ala masculina – um amplo espaço aberto com fileiras de leitos que continham o que apenas posso descrever como esqueletos com pele. Alguns eram golpeados pela dor, fracos demais para lutar contra seus males ou até mesmo para comer. Para minha surpresa, prosseguimos rapidamente através dessa ala e seguimos para a próxima. Era a ala das mulheres, um quarto repleto de mulheres emagrecidas cujos olhos vagos olhavam o nada. Mas, uma vez mais, passamos por esse quarto sem parar.

"Pode haver um lugar mais necessitado do que este?", eu quis saber, minha mente revendo as doenças mais sérias que eu pudesse encontrar.

Entramos numa cozinha primitiva onde um simples almoço de arroz estava sendo preparado em cima de um fogo aberto. "Que estranho", pensei. "Por que quereriam um médico em uma cozinha?" Mas irmã Priscilla me conduziu através da cozinha, para fora da porta dos fundos, até uma estreita passagem. O que estariam precisando que eu fizesse? Será que havia alguém esperando do lado de fora tão doente que não pudesse entrar na casa?

Irmã Priscilla apontou para uma pilha muito grande de lixo. Tinha um cheiro revoltante.

"Precisamos que você leve esse lixo rua abaixo até o lixão", ela explicou, entregando-me dois baldes e uma pá. "O lixão fica a várias quadras rua abaixo. Não há como errar." Com um aceno de cabeça e um sorriso, ela sumiu.

Nos Estados Unidos descartamos restos de comida ordenadamente no compartimento ligado às pias. Papel e plástico são postos em latas de lixo. Muito do que descartamos vai para lixeiras de reciclagem organizadas. Mas não é assim em Calcutá. Cada pedacinho de papel ou plástico é reutilizado diversas vezes. Nada é desperdiçado. A pilha enorme na minha frente estava fedendo, lixo de comida em putrefação – somente o que não podia ser reutilizado.

Recuperando-me de um surpreso silêncio momentâneo, comecei a reagir. Lixo? Eles não entendem? Sou um médico! Eu parecia estar citando Bones McCoy, personagem da série televisiva *Guerra nas Estrelas*: "Droga, Priscilla, eu sou um médico, não um lixeiro!".

Em vez disso, coloquei meu estetoscópio no bolso e ataquei a pilha. Enchi os baldes e caminhei rua abaixo. Parecia que cada par de olhos na aglomeração da rua me olhava enquanto eu carregava meu fardo fétido pelo ar úmido da manhã. Joguei o conteúdo no lixão e voltei para o próximo carregamento, tentando não notar que pessoas surgiam das sombras do lixão para fuçar em meio ao que eu tinha acabado de dispensar.

Comecei a sentir pena de mim mesmo. Tinha ido na esperança de fazer algo significativo. Será que eles não tinham senso algum de liderança? Qualquer um poderia ter carregado o lixo. Eu poderia ter ficado no prédio, salvando vidas! Se alguém sabe apreciar a classe letrada é o povo da Índia!

Metade da tarde havia passado quando terminei. Suando muito, cheirando exatamente como ao próprio lixo, acomodei os baldes e a pá e passei pela cozinha, pela ala feminina, pela ala masculina – lugares onde meus dons poderiam ter sido usados –, preparado para reunir minha equipe e dizer adeus a irmã Priscilla por aquele dia. Logo antes que ela aparecesse, vi algo: uma pequena placa escrita à mão, nas próprias palavras de Madre Teresa: "Não podemos fazer grandes coisas, apenas pequenas coisas com grande amor".

Meu coração derreteu. Eu havia perdido completamente o rumo.

Eu precisava dessa lição. Servir ao outro não se trata do quanto eu sei, quantos prêmios recebi ou sobre o que são minhas credenciais. Trata-se de atitude e disponibilidade para fazer o é preciso – com amor. Madre Teresa havia perfurado a armadura que eu lutara para construir durante tanto tempo. Ela removeu a armadura ao redor do meu coração por intermédio de irmã Priscilla.

Minha amizade com Madre Teresa floresceu depois disso. Compreendi melhor sua vida e seu propósito, e aquilo me fez querer trabalhar com ela de todas as maneiras possíveis. Eu quis fornecer a oportunidade para que outras pessoas pudessem ver como recolher o lixo pode ser transformador.

Talvez a mais surpreendente (e divertida!) manifestação da minha amizade apareceu sobre quando ela visitava o Vietnã, servindo aos pobres na parte norte do país. Um advogado de Kansas City estava em Hanói naquela época, ainda lutando com os demônios de sua viagem como soldado americano. Numa rua movimentada, esse advogado pensou ter reconhecido Madre Teresa. Ele nunca a havia encontrado antes ou até mesmo a visto em público. Mas já que sua aparência era inconfundível, ele estava muito confiante. Então ele atravessou a rua e se apresentou. Ela foi do jeito gracioso de sempre e fez algumas perguntas para ele. Ele disse a ela que era americano. Ela perguntou de onde. Kansas City, ele respondeu. Ela então perguntou: "Oh, você já ouviu falar no Heart to Heart?".

Ela contou a ele sobre o trabalho que fizemos em Calcutá. Intrigado ele me telefonou quando voltou aos Estados Unidos. Num almoço eu lhe disse que queria providenciar remédios e suprimentos para as áreas atingidas pela pobreza no Vietnã. Logo, o primeiro avião americano voou para o Vietnã para que pudéssemos auxiliar as pessoas em hospitais, colônias de leprosos e campos de refugiados e houve cobertura noticiada pela imprensa de todo o mundo.

Quando traço os pontos em direção ao passado, muito do meu serviço médico para os outros surgiu com a experiência transformadora de recolher dejetos de pessoas que estavam morrendo. Antes disso, recolher lixo de fedor transpirante em Calcutá estaria abaixo de mim. Meus dons, treinamentos e talentos haviam sido usados para um trabalho menos digno, eu pensava. Eu tinha o estetoscópio para provar! A placa na parede de Madre Teresa foi uma checagem de realidade para mim. Eu queria fazer grandes coisas. Aprendi que recolher o lixo com amor é diferente de apenas recolher o lixo.

"O amor deve vir antes da lógica", Alyosha Karamázov diz ao seu irmão Ivan. "Só então o homem será capaz de entender o sentido da vida."[2] A lógica me dizia que meus dons seriam mais bem utilizados nas alas com os pacientes. Mas irmã Priscilla, ensinada por Madre Teresa, sabia mais. Ela sabia que algo deveria acontecer antes. Eu precisava começar com amor – na pilha de lixo.

O serviço ao outro, como compreendo agora, começa freqüentemente com o que parece insignificante, talvez até mesmo desagradável. Foi a lição que Jesus ensinou a seus seguidores quando, perto do fim de sua vida, envolveu uma toalha em torno de si, pegou uma bacia de água e lavou os pés de seus discípulos.[3] Esse ato exigiu estômago forte e um iluminado senso do que é real. Começa aqui mesmo no fundo, disse sua ação, no ponto onde o sorriso do mundo encontra você, que é onde o amor começa. Não sei se você já chegou perto dos pés de alguém. Como médico posso afirmar que isso pode ser um desafio.

Um dos grandes mistérios da vida é que, para que possamos experimentar amor, propósito e sentido, devemos começar pelo ponto onde nos encontramos mais resistentes. O que irmã Priscilla tentava me dizer? Que o que eu ofereço para as pessoas em sofrimento deve ser conscientemente baseado no amor, ou as minhas ações não importarão.

Isso me faz pensar na frase que li no livro de Jim Wallis, *God's Politics* (A Política de Deus): "Ninguém entra no paraíso sem uma carta de recomendação dos pobres".[4]

Levei grupos de voluntários para Calcutá por diversas vezes. Freqüentemente os voluntários vão com a mesma certeza, cheios de si mesmos, como eu estava. Mas cada um deles é transformado no ato de servir aos outros.

Um de nossos voluntários deu peixe e arroz a um homem no Lar dos Moribundos que estava demasiado fraco para se alimentar sozinho. No meio da refeição, o homem ficou agitado e agarrou sua garganta, com a boca aberta. Felizmente, nosso voluntário conseguiu enfiar a mão na boca do homem para tirar dela uma espinha de peixe.

O homem negou irredutivelmente com a cabeça quando foi oferecida outra colherada de arroz e peixe. Sem saber o que fazer, nosso voluntário viu outro homem fazendo um sinal para oferecer dois gomos de tangerina; eles aliviariam qualquer garganta machucada. Um moribundo oferecendo ajuda a outro moribundo.

"Nunca mais direi que não tenho nada para oferecer a alguém que precise", disse o voluntário.

Pessoas que tiveram encontros como os meus foram transformadas por suas experiências. Deixando de lado suas instruções e qualificações profissionais, elas simplesmente ajudaram pessoas que não podiam se ajudar. Alguns retornaram a suas próprias comunidades e começaram a ser voluntários em clínicas e missões. Minha filha, que tinha ido comigo num avião da Heart to Heart até Calcutá, organizou as mulheres do seu dormitório na faculdade para trabalhar em Calcutá durante as férias de primavera.

Os voluntários que foram nesses vôos para Calcutá e a outras partes do mundo me dizem que agora vêem seu mundo diário de forma diferente. Alguns são voluntários em missões de salvamento, ou bancos de alimento, ou clínicas médicas e legais. Alguns apenas vêem seus colegas de forma diferente. Procurar maneiras de servir aos outros transforma-se em uma prática diária. Dá sentido ao dia deles. Vejo uma transformação nas pessoas sempre que fazemos um vôo para alguma área necessitada.

Os voluntários não sabem responder às necessidades que vêem de imediato. Uma vez que ajudam alguém que vive em outro oceano, enxergam as necessidades em suas próprias vizinhanças. Vi isso acontecer freqüentemente quando alguém sai de seu país a fim conhecer verdadeiramente sua própria comunidade e suas necessidades.

Em seu livro *Adam*, Henri Nouwen conta sobre uma *socialite* de Nova York que, apesar de seus casamentos com homens de negócios bem-sucedidos, sua riqueza, fama, filhos e *status* social, era suicida. Ela procurou Nouwen em busca de orientação espiritual porque ele era um famoso estudioso de religião, escritor e padre. Ele havia deixado suas prestigiosas posições acadêmicas em Yale e Harvard para trabalhar em um lar para adultos deficientes. Ele imediatamente colocou sua visitante para dar de comer a uma pessoa que não podia fazê-lo sozinha.

Alguns anos depois da visita à mulher, ela disse a Nouwen: "Algo completamente profundo aconteceu em minha visita... Eu não sou mais depressiva como antes, pois me sinto mais conectada comigo mesma".[5] Parece contraditório que para entender o outro e conectar-se consigo mesmo seja necessário sair de si mesmo e ajudar o outro. Mas estou convencido de que é assim que funciona.

Sei que meu trabalho como médico é ajudar pessoas a sentirem-se melhor. Pagam-me para fazer isso. Mas sei também que minha verdadeira vocação se encontra em algum lugar além do pagamento por meus serviços. Quem sou eu, além de ser um médico? Vejo a resposta com mais clareza quando trabalho em um acampamento de refugiados na Tailândia ou organizo um passeio de bicicleta para a tropa de escoteiros do meu filho. É quando me sinto mais vivo. Quando saio de mim mesmo, do meu papel cultural, como fui forçado a fazer no Lar dos Moribundos, vejo a vida mais clara. Às vezes minha verdadeira vocação está em afastar meu estetoscópio – o emblema que diz ao mundo quem eu sou – e pegar uma pá para recolher uma pilha de lixo em Calcutá.

Parece contra-intuitivo no início, mas a placa na parede nos diz que esse é o começo: Faça pequenas coisas com amor. Quando qualquer um de nós se desprende dos símbolos culturais que dizem quem somos, abrimo-nos para os atos de serviço de que os outros necessitam. As pessoas em nossa família, vizinhança e em nossas comunidades necessitam de servidores e não de cumpridores de papéis que apenas se vêem como médicos, professores, militares, mães, pais ou líderes empresariais.

Há algumas similaridades entre Madre Teresa e Henri Nouwen. Ambos deixaram seus interesses pessoais de lado para servir ao outro. O que mais me atrai neles é sua paixão. Servir aos outros trouxe sentido e propósito para a vida deles. Tornou-se a vida deles. Vi pessoas deixando de lado seus vícios em relação às coisas materiais, ao individualismo, ao sensacionalismo, quando começaram a servir a outras pessoas. Servir faz com que nos sintamos parte de algo maior.

A respeito do jovem homem por quem ele era responsável, Nouwen disse que o ensinamento de Adam era que a compaixão, não a competição, seria a maneira de cumprir nossa vocação.[6] Era esse o ensinamento do Rotary Club da minha cidade quando começamos a procurar por lugares onde poderíamos servir – primeiro em uma YMCA danificada por um furacão em Belize, depois num hospital sem recursos da Rússia e agora em todo o mundo. Descobrimos que o Rotary Club poderia ser mais que um clube de organização social e comercial. Poderia ser, e realmente tornou-se, uma organização que vive sua vocação verdadeira.

Eu sempre me perguntava por que não vemos que estamos aqui para servir aos outros – especialmente quando é tão gratificante fazê-lo. Uma amiga de San Diego, Gail Shingler, disse que não conseguia se ver como alguém que tivesse algo a oferecer aos outros simplesmente porque lhe faltava confiança.

"Eu achava que precisava de algum tipo de treino antes de começar a fazer coisas para pessoas que não fossem membros da minha família", disse Gail. "Sempre que ouvia pessoas falando sobre o servir aos outros, sentia que meu coração queria fazer o mesmo, mas não sabia como. Eu não tinha como me mudar para outro país ou fazer algo drástico. Mas eu sentia que precisava de algum treinamento ou equipamento até mesmo para fazer algo onde eu estava."

Sentada na igreja numa certa manhã, ela sentiu que chegara a hora de parar de pensar a respeito e começar a fazer algo. Ela falou com seu marido e com uma amiga próxima. A amiga telefonou-lhe dias mais tarde.

"Ela disse que havia acordado no meio da noite com o pensamento sobre aonde eu deveria ir", disse Gail. "Ela havia acordado com três palavras muito claras: Casa Ronald McDonald."

A corporação de restaurantes McDonald's providencia casas perto de hospitais onde as famílias podem ficar enquanto seus filhos estão sendo tratados de câncer ou de outras doenças sérias. A amiga de Gail havia ido a uma Casa Ronald McDonald com sua tropa Brownie e percebeu que a equipe de funcionários sempre tinha muito trabalho a fazer e a casa sempre precisava de limpeza. Gail ligou para a casa perto do Hospital Infantil de San Diego e a diretora a convidou para uma visita.

"A diretora parecia tão cansada", disse Gail. "Eu disse a ela que poderia me comprometer por duas horas durante a semana e faria o que fosse preciso."

Agora, aos domingos pela manhã, Gail passa o aspirador de pó, lava paredes e limpa cadeiras.

"A casa é muito usada, infelizmente então ela está muito suja", ela disse. "Mas, dadas as razões pelas quais as pessoas estão lá, achei que elas mereciam mais."

Após seu primeiro dia de limpeza, ela disse que não estava cansada.

"Meu corpo ficou empolgado", ela disse. "Senti como se tivesse nascido para fazer isso."

Tenha em mente que Gail tem três filhos menores de 10 anos e é uma artista talentosa e uma educadora certificada. A melhor parte de sua semana, ela disse, são as duas horas do domingo de manhã. Por quê?

"Estamos aqui para fazer tarefas", ela disse. "Quando estou indo para a Casa Ronald McDonald, não me desgasto com o que meu marido acha de mim ou o que meus filhos acham de mim. Eu apenas penso sobre o que Deus acha de mim."

Comentando sobre o fato de ter tido a idéia de ir até a Casa Ronald McDonald por intermédio de sua amiga, Gail disse que isso mostrou o quanto estamos todos interligados.

"É tudo uma teia", ela disse. "Você pode andar por uma teia, ser surpreendido por ela e entrar em pânico. Ou você pode andar até ela, dar um passo para trás e dizer: 'Nossa!'."

Quando Madre Teresa morreu, fiquei triste, mas também fiquei grato pelas lições que ela e as outras Missionárias da Caridade me ensinaram. Minha admiração por ela ligou-me a uma pequena vila em Kosovo, alguns atrás, quando eu estava trabalhando em um hospital militar em minha unidade militar. Fui mandado para o Acampamento Bondsteel, perto de onde Madre Teresa vivia antes de receber seu chamado para servir aos pobres. Ela era albanesa, assim como as pessoas que estavam em Kosovo para se proteger. Visitei a estátua dela no centro de Skopje, Macedônia, onde ela passara seus anos da infância.

Passei um tempo considerável olhando para o memorial no meio de uma rua de Skopje e para a casa onde ela tinha vivido. Eles me lembravam da placa que havia perfurado meu autocentrismo: "Não podemos fazer grandes coisas, apenas pequenas coisas com grande amor". Embora eu tenha ficado desconfortável no começo, meu desconforto logo abriu espaço para a gratidão.

Tive uma conversa sobre Madre Teresa com um dos capelães militares no Acampamento Bondsteel e ele me disse que ela havia visitado a área diversas vezes quando estava crescendo. Ela nasceu em Kosovo e sua família mudou-se para Skopje. Há uma vila próxima com uma capela que tem um ícone da Madonna Negra.

Madre Teresa e sua família viajavam para essa capela todos os anos para visitar o santuário especial. Antes da guerra entre Sérvia e Albânia, mais de 150 mil pessoas faziam peregrinação até essa capela todos os anos. Foi nela que Madre Teresa recebeu o chamado para se tornar freira e servir aos pobres. Era onde as raízes de fazer coisas pequenas com amor começaram a crescer.

Eu naturalmente queria visitar essa capela, mas como soldado eu não podia simplesmente organizar um comboio para fazer turismo na região! Aconteceram muitas coisas durante uma noite de Natal que permitiram que eu fosse. Eu participava da cerimônia protestante das velas com um dos coronéis da base. No final da cerimônia perguntei se ele queria ir comigo para a Missa da Meia-Noite na mesma capela. Ele disse que estava indo para uma missa noutra cidade com alguns soldados, mas que eu estava convidado a me juntar a eles. Perguntei aonde iriam e quase não acreditei na resposta.

Uma equipe das Forças Especiais havia organizado um comboio para levar um pequeno grupo de oficiais até Letnecia, a cidade com a capela onde Madre Teresa descobriu sua vocação. O oficial me perguntou se eu gostaria de ir com eles. Se sim, eles partiriam em trinta minutos.

Apressei-me de volta ao hospital para pegar meu capacete, meu colete à prova de balas e minha arma e juntei-me ao comboio. Seis Humvees abriram caminho por estradas estreitas e sinuosas nas montanhas. Os rádios chiavam, e a segurança era alta. Ao chegar perto da vila eu conseguia ver as luzes chamejantes do que agora é uma bela catedral. Dirigimos-nos para lá, estacionamos nossos veículos e subimos as escadas congeladas, vestidos com equipamento completo de batalha, nossos M-16 pendurados nos ombros e pistolas nos coldres em redor de nossa cintura. Não sei o que os habitantes locais pensaram, mas eles nos colocaram sentados nas primeiras fileiras, logo abaixo do lindo santuário da Madonna Negra.

A cerimônia começou às 11 horas e terminou aproximadamente à meia-noite e meia. O padre conseguiu que alguns dos soldados participassem da missa lendo as escrituras. Já estive em muitas cerimônias religiosas em todo o mundo – igrejas nacionais, grandes catedrais, sinagogas e mesquitas –, mas nunca antes havia visto soldados armados em pé ao lado do líder religioso participando da adoração!

Em seu sermão, o padre disse como as pessoas do vilarejo estavam contentes porque a matança havia parado naquele momento. Depois da missa eles tinham um programa infantil em que as crianças cantavam, recitavam poesias e encenavam a cena da natividade.

Mais tarde o padre nos convidou para ir à sacristia comer biscoitos e tomar café. Perguntei-lhe sobre as antigas visitas de Madre Teresa à igreja. Ele nos disse que, mesmo depois que a família se mudara para Skopje, ela viajava pelas montanhas todos os anos para visitar aquele local durante um festival religioso. Em uma dessas visitas, quando ela tinha 18 anos, Agnes (seu nome verdadeiro antes de adotar Madre Teresa) sentira que Deus a chamava para servi-lo. Quando contei ao padre sobre minha ligação com a madre ele me pareceu muito empolgado. Ele correu até seu quarto de estudos e trouxe um retrato dela, insistindo que eu ficasse com ele. Depois de um dia maravilhoso em Letnecia, nosso comboio retornou à base militar perto das 3 horas da manhã.

Ao refletir sobre essa pequena vila numa Kosovo devastada pela guerra, fico espantado por ter sido esse o local onde nasceu uma pequena menina que se tornaria uma das mulheres mais amadas da história. Em seu livro *Great Souls*, David Aikman, antigo editor sênior da revista *Time*, refere-se a ela como uma pessoa que mudou o século 20. Ela mudou o mundo, ganhou um Prêmio Nobel e inspirou milhões de pessoas, incluindo a mim, a enxergar o serviço como uma maneira de encontrar sentido em nossa vida.

Cada de nós é confrontado com a opção de pegar nosso estetoscópio (ou diplomas ou títulos ou uniformes) ou pegar uma pá e fazer algo pequeno, com amor, para alguma outra pessoa. Ambos têm valor. O exemplo de Madre Teresa me ajudou a querer criar oportunidades para outras pessoas, como para minha própria filha, de experimentar a profunda vocação para a qual acredito sermos todos chamados, que é a vocação de servir aos outros. Um encontro com moribundos, para muitos de nós, removeu as vendas dos nossos olhos e permitiu que víssemos oportunidades para servir em nossa vida diária.

De que doutrina vivia Madre Teresa? O que sua vida ensinou a todos nós?

Ela me ensinou a fazer pequenas coisas pelos outros. Com amor. Espero que minha vida ensine isso aos outros. Espero que isso seja o que a Heart to Heart comunica.

Nem sempre é preciso começar com uma pilha de lixo. Tudo começa com qualquer coisa que esteja ao seu alcance.

Capítulo Três

Veja Suas Mãos

Se você não me deixar servir-lhe, morrerei.
Madame Babette Hersant[1]

Quando entrei para a reserva, em 1993, não o fiz porque era pró-guerra ou porque pensava que empreender uma guerra fosse nobre. Entrei para a reserva pela oportunidade que tinha como médico de aliviar o sofrimento causado pela guerra. Como médico militar, eu não só me importo que meus soldados sejam pegos em fogo-cruzado mas também com os civis e com os que chamamos de "inimigos".

Em 2000 fui mandado para Kosovo, depois que os bombardeios da Otan trouxeram uma pausa para a hostilidade entre albaneses e sérvios. Minha unidade foi primeiramente para Fort Benning, Geórgia, onde fomos treinados em assuntos como as leis da guerra, como evacuar uma área minada, proficiência com armas e as raízes históricas dos conflitos nos Bálcãs. Recebemos equipamento completo de batalha, com coletes à prova de bala e capacetes de Kevlar. Então fomos transportados para Kosovo.

Trabalhei no hospital móvel no Acampamento Bondsteel, um complexo de gigantescas barracas, estruturas permanentes, cercas e todos os tipos imagináveis de veículo militar. O acampamento acomodava 10 mil soldados. Helicópteros constantemente subiam e desciam. A cada espaço de terra havia uma torre com observadores altamente armados que analisavam as florestas e estradas ao redor do acampamento. O Acampamento Bondsteel era uma cidade auto-suficiente. Tinha sua própria água, esgoto, saneamento básico, bombeiro e polícia, lavanderia, comida, serviços hospitalares e até mesmo cadeia. Havia uma capela, um cinema, uma loja, uma livraria, uma barbearia (todos os cabelos tinham o mesmo corte – curtos!) e um café.

Todos dentro do acampamento estavam altamente armados. Mesmo enquanto você andava do dormitório até o refeitório, devia sempre carregar sua arma. Os médicos carregavam armas menores, para que pudéssemos manter as mãos livres para cuidar dos pacientes. Era um sentimento estranho examinar um paciente no quarto de emergência com uma pistola em meu quadril direito e um cartucho de munição no esquerdo.

O que parecia ainda mais estranho sobre toda a segurança era que a maior parte do que acontecia dentro do acampamento era recreação – pingue-pongue, voleibol, basquete, academias de ginástica, cinemas, salas de televisão, assim como Burger King e outras comodidades. Parecia um acampamento de verão altamente armado.

Além disso, sempre havia a ameaça de que as hostilidades constantes entre os sérvios e albaneses explodissem e um deles atacasse. Como parte das forças da Otan na área, os americanos estavam lá para assegurar o frágil acordo de paz entre os grupos recentemente em guerra. As bombas da Otan já não caíam quando eu estava lá. Apenas as emocionais.

Quando cheguei primeiramente com minha unidade, a equipe médica apresentou-me aos alojamentos, onde conheci meus companheiros de quarto, dois dentistas e um psiquiatra de combate. Nosso abrigo era uma larga barraca com assoalho de madeira. Logo depois de largar minha mochila em cima da cama, fui levado para o hospital para ver onde passaria o inverno. O hospital era mais moderno do que alguns dos hospitais nacionais de Kansas, onde trabalho como médico ambulatorial!

As unidades de raios X, as áreas cirúrgicas e o equipamento de UTI eram muito avançados. A maioria dos pacientes de Bondsteel não tinha ferimentos de guerra, me disseram. Enquanto havia ainda algumas minas não detonadas na área que feriam civis, a maioria de nossos pacientes eram soldados que torceram o tornozelo jogando basquete ou pessoas de fora do acampamento que haviam sofrido acidentes de carro, queimaduras ou tinham sido atingidas por algum disparo. Nós ajustamos ossos, fizemos partos e cirurgias de amigdalite – em geral, parecia com um hospital de cidade pequena.

Poucas horas após chegar a Kosovo, apresentaram-me o refeitório, e eu me sentei para uma refeição. Estava faminto e cansado da longa viagem.

Logo depois de começar a comer, uma mulher albanesa com aparência de profissional entrou no refeitório e caminhou até minha mesa.

"Você é o dr. Morsch?", ela perguntou.

"Sim, como posso ajudá-la?"

"Sou Drita Perezic, tradutora do general Sanchez. Estávamos ansiosamente esperando sua chegada", disse num inglês perfeito. "O general Sanchez gostaria de lhe pedir um favor."

Chegara aos ouvidos do general que o líder de um grupo humanitário havia sido transportado para o Acampamento Bondsteel, e antes que eu chegasse ele já havia checado a Heart to Heart. E a mim também.

Drita contou-me uma das histórias mais emocionantes que já ouvi. Antes, naquele mesmo ano, Merita Shabiu, uma menina albanesa de 11 anos de idade, foi seqüestrada, violentada e morta por um soldado americano do Acampamento Bondsteel. O soldado e seu motorista então enterraram o corpo de Merita em um banco de neve fora da cidade próxima de Vitina. Tudo isso aconteceu no primeiro dia em que o general Sanchez tomara o comando do Bondsteel.

Lembro-me de ter balançado a cabeça durante todo o tempo em que Drita falava comigo. Eu tinha uma vaga lembrança de ter lido sobre isso quando estava nos Estados Unidos. Enquanto Drita falava eu pensava comigo mesmo: Por que ela está me contando isso? Merita está morta. O soldado já confessou e está em uma prisão militar para o resto da vida em Fort Leavenworth. Que posso fazer? Não parece que eles precisam de um médico.

"Não há mais muita coisa que o exército possa fazer pela família de Merita, mas eles não estão indo nada bem", Drita concluiu. "Ainda estão cheios de dor por sua filha. O pai apareceu recentemente em uma de nossas torres de observação dizendo que estavam sem comida e que ele estava doente."

"Se ele está doente, traga-o então para o hospital e qualquer um de nós pode cuidar dele", eu disse. "Traga-o para um médico."

Ela hesitou.

"Ele não precisa tanto de um médico como de alguém que lhe dê atenção. Ele sofre de um jeito que os militares não podem ajudar."

Sua pergunta seguinte não era um inquérito filosófico. Ela não queria saber por que as coisas ruins acontecem com pessoas boas. Ela não se perguntou onde estava Deus naquela tragédia.

"Você acha que pode fazer alguma coisa por essa família?", ela perguntou.

Eu não tinha a mínima idéia do que poderia fazer, mas disse que sim.

Em poucos dias um comboio com quatro de nossos Humvees carregando dez soldados totalmente equipados saiu do Acampamento Bondsteel e foi até as montanhas que separam Kosovo da Macedônia. A família de Shabiu vive naquelas montanhas, em um pequeno vilarejo de apenas algumas casas. Após deixarmos o perímetro da cidade, dirigimos por duas horas numa estrada estreita e íngreme que parecia mais adequada para um rebanho que para nossos largos veículos. As árvores estavam tão perto do caminho que batiam contra os retrovisores dos carros. O motorista de um dos Humvees quase tombou seu veículo.

A família não tinha telefone nem eletricidade, portanto não havia como avisar que uma unidade militar estava a caminho. Mal posso imaginar o medo que sentiram quando nos aproximamos de sua pequena casa. Os soldados estabeleceram observação por todo o perímetro em volta da casa como se fosse uma ação militar. Ninguém está seguro demais.

Hamdi Shabiu, pai de Merita, e Remzije, sua mãe, cautelosamente saíram para fora da casa com seus quatro outros filhos escondidos atrás deles. Depois do que acontecera com Merita, a visão de um soldado americano devia ser alarmante. Eu me apresentei por intermédio de um tradutor. Hamdi e Remzije logo começaram percorrer sua propriedade em busca de algo em que pudéssemos sentar. Procuraram por xícaras para que pudessem nos servir chá. Fiquei emocionado com a hospitalidade, especialmente sob a luz do fato de que um soldado americano havia causado seu sofrimento. Agora estavam cercados de soldados e queriam que nos sentíssemos em casa.

A julgar pelas ações dos pais, eles não tinham inimigos, apesar do que aconteceu. Dentro de sua casa eu disse a Hamdi que não estava lá como um soldado (apesar do uniforme), mas como um amigo, e que queria ver como estavam ele e sua família. Fiz exame físico em todos eles e forneci alguns remédios.

"Conte-me sobre Merita", pedi a Hamdi.

Ele olhou para cima e por um momento seus olhos se encheram de lágrimas. Eu segui seu olhar, e meus olhos também lacrimejaram. Ainda pendurada na parede estava a mochila e o casaco cor-de-rosa de Merita, como se ela fosse entrar em seguida e colocá-los para ir à escola.

"Merita era uma linda menininha que era muito feliz", ele começou. "Quando os jatos da Otan voavam sobre nossa vila para ir bombardear posições dos sérvios, Merita corria para o topo das colinas e acenava para eles. Ela sabia que eles tinham vindo nos salvar."

Os Shabiu haviam sido forçados a se mudar para Vitina durante a guerra. Alguns dias antes de se iniciarem os ataques da Otan, Hamdi e Remzije foram pegos pela polícia sérvia e apanharam severamente – apenas porque eram albaneses, eles contaram. Os ferimentos de Hamdi foram tão graves que escorria sangue por suas orelhas. Então foram levados para fora da cidade e jogados na floresta.

"Nossos filhos não tinham idéia de onde estávamos e então ficaram muito assustados", ele disse. Mas a chegada dos jatos da Otan deu à família dos Shabiu a sensação de que seu mundo estaria seguro em breve. Merita, em particular, estava feliz porque os jatos significavam que ela poderia voltar para a escola e algum dia ser uma doutora.

Mas um dia Merita não voltou da escola. Sua mãe, pai, irmãos e irmã procuraram por ela sem sucesso. Finalmente, Hamdi relatou seu desaparecimento à polícia local.

Dois dias depois, crianças de uma escola disseram que havia um corpo de criança num prédio perto dali. Elas apontaram para uma estrutura bombardeada cercada de soldados americanos. Ele se identificou aos soldados e disse a eles que sua filha havia desaparecido.

"Eles me levaram para dentro do prédio e eu vi um oficial americano chorando", disse Hamdi. O oficial mostrou a Hamdi uma foto da menina e perguntou se era Merita.

"Ela teve uma morte horrível", disse Hamdi. "Eu quase desmaiei quando a vi."

A foto mostrava sua linda filha com os olhos roxos e inchados, hematomas em volta do pescoço e o que parecia ser uma perfuração à bala na testa. Seu fino cabelo amarelo estava emaranhado atrás da cabeça. Hamdi mostrou-me fotos de Merita quando era feliz e saudável. Então mostrou-me as fotos dela depois que seu corpo fora encontrado. Chorei como se fosse minha própria filha.

Falamos sobre Merita durante mais algum tempo e perguntei se poderia ver onde ela tinha sido enterrada. Levaram-me até um cemitério pequeno da comunidade, onde as sepulturas eram marcadas somente por algumas varas e por um copo vazio, um costume da Albânia que não compreendi.

Hamdi apontou qual era o túmulo de Merita. A terra estava removida. Era evidente que algum animal esteve cavando por ali.

"Ela não tem uma lápide?", perguntei.

"Sou cortador de lenha e criador de abelhas, e nós estamos em guerra. Como posso pagar por uma lápide?", ele disse.

Quando voltamos para sua casa, minha mente estava acelerada. Fiquei repugnado e com muita raiva do que o soldado havia feito. Fiquei frustrado também. Não podíamos trazer aquela menina de volta. Não podíamos mudar a economia daquela vila em Kosovo. Não podíamos fazer partidos hostis entrarem em consenso. Que podíamos oferecer a alguém em uma situação como aquela?

Senti-me completamente inadequado. Que pequena coisa, no amor, poderia ser significativa para aquela família em dor? Eu não podia desfazer a coisa terrível que haviam feito a sua filha. Olhei tristemente para o casaco cor-de-rosa de Merita. Eu não podia não fazer *nada*.

Uma frase do escritor Frederick Buechner me veio à mente: "A paz verdadeira, a grande e duradoura paz que ultrapassa qualquer entendimento, é para se ter não pelo recuo da batalha, mas exatamente no meio da batalha".[2]

Fui ao Humvee, tirei meu *laptop* da sacola e voltei para a casa dos Shabiu. Eles me observaram ligando o computador e depois abrindo um programa para criar arte. Com o mouse do computador comecei a desenhar uma lápide.

"O que você gostaria que a lápide de Merita dissesse?", perguntei.

Hamdi e Remzije olharam um para o outro e falaram baixinho, enquanto observavam o que eu estava fazendo.

"Você vai fazer uma lápide no computador?", perguntaram.

"Eu vou criá-la com sua ajuda, então alguma outra pessoa a construirá." Eu estava apenas falando o que vinha à minha cabeça, inventando enquanto continuava. Algo devia ser feito para aquela família angustiada. Algo deveria trazer dignidade a Merita.

Olhando para os outros soldados, dei sinal de que não tinha idéia sobre o que faríamos. Mas os soldados e nosso tradutor estavam sorrindo. Eles sabiam que estávamos embarcando em uma viagem muito importante com aquela família.

Logo, mãe, pai e filhos falavam empolgados sobre o que deveria constar no marcador em honra de Merita. Deve ter uma bandeira da Albânia, disseram. Hamdi disse que deve também ter uma bandeira americana. Parei de desenhar por um momento e olhei para ele. "Não foi um americano que matou sua filha?", perguntei.

"Eu não sou um homem letrado", disse. "Mas sei que aquele soldado não estava seguindo ordens quando matou minha filha. Não responsabilizarei todos os americanos ou todos os soldados americanos."

Colei as bandeiras e coloquei-as nos cantos superiores da lápide. Escrevi o nome Merita proeminente no meio, com as datas de sua vida na terra.

"Mais alguma coisa?", perguntei. "Algo que você queira dizer sobre ela?"

Mais discussão entre a mãe e o pai. "Escreva isto: 'Ela nos ensinou a amar uns aos outros'" disse o pai.

Ainda tínhamos espaço, então perguntei se queriam um retrato dela gravado na lápide. Entregaram-me uma foto que me fez chorar outra vez. Ela parecia um anjo. Pensei em meus próprios filhos e quis saber como um pai consegue carregar a morte de um filho – especialmente uma morte tão brutal.

Ajustei a foto em uma mesa e tirei uma foto dela com minha câmera digital. Então carreguei a imagem no computador e colei-a na lápide. Finalmente, em minha tela de computador, tínhamos um tributo a Merita. A família não conseguia acreditar. Eu lhes disse que retornaríamos com uma lápide e daríamos a Merita um enterro apropriado.

Como faríamos a lápide era um grande mistério. Mas minha experiência me disse que alguém queria ajudar, mas não sabia como. Decidi confiar no processo, espalhar a promessa e ver como as pessoas respondem.

A razão pela qual muitas pessoas não se ajudam é que simplesmente não sabem como – estão paralisadas por sua falta de informação. Contudo, no íntimo, querem ajudar e sabem que devem. Sabem que sua vida terá mais sentido quando servirem a outras pessoas. Só precisam de algumas direções.

Não levou muito tempo para que a notícia da nossa promessa da visita aos Shabiu circulasse entre os soldados em Bondsteel e em outras bases americanas por todos as partes de Kosovo. Depois de alguns dias soldados me paravam no meio do caminho e me entregavam maços de dinheiro doado por suas unidades. Oficiais vinham a mim chorando e diziam: "Obrigado por nos dar a possibilidade dizer a eles como sentimos muito".

A maioria dos soldados não se encontrara com ninguém da família Shabiu. Souberam somente que algo terrível lhe havia acontecido e que existia uma oportunidade de aliviar sua dor por meio daquela lápide. Poucos dias depois da minha primeira reunião com os Shabiu, os soldados americanos haviam doado mais de US$ 4.000 para ajudar a aliviar seu sofrimento.

Encontramos um gravador que fez a lápide para Merita, e para nos certificar de que tudo que os Shabiu queriam estivesse constando na lápide, fizemos outra visita sem aviso. Só que nossa visita caiu em um dia em que as tradicionais famílias muçulmanas fazem uma grande festa para comemorar o fim do Ramadã – o que não tínhamos percebido até chegarmos.

Trazendo bolos e salgados para nos dar boas-vindas, os Shabiu nos contaram que haviam planejado passar o dia em outra vila. Mas, ainda que Hamdi tivesse implorado, as crianças tinham se recusado a ir, dizendo que "tiveram uma sensação" de que soldados americanos iriam visitá-los naquele dia. Elas estavam na verdade esperando por nós do lado de fora da casa, observando nosso comboio circundar a estreita estrada da montanha. Quando chegamos, Hamdi disse que Deus nos havia reunido naquele feriado muçulmano muito especial.

Alguns dias depois, pegamos o dinheiro coletado pelos soldados e abrimos uma conta bancária na cidade mais próxima. Eu gostaria de ter gravado esse evento em vídeo. Inúmeros soldados dos EUA, vestidos com roupa camuflada, capacetes e botas, todos altamente armados, dispararam todos os alarmes do banco. Fui até o caixa e disse para a funcionária de olhos arregalados: "Quero abrir uma conta". Ela olhou para mim e em seguida para todos os soldados que lotavam o pequeno banco, conseguindo apenas assentir com a cabeça. O resto dos clientes abandonou o edifício quando chegamos, como ocorria nos antigos filmes quando o bandido entrava com sua gangue em um bar!

O depósito era consideravelmente maior que o custo da lápide, portanto incluí uma determinação de que o dinheiro somente poderia ser retirado se fosse usado para finalidades humanitárias, tendo como co-signatário o capelão do Exército. O Exército havia permitido que eu continuasse com alguns esforços humanitários enquanto estivesse por lá, permitindo o transporte de roupas, remédios e óculos até a base. Os voluntários os distribuíram então para pessoa que precisavam.

Os Lions Clubes de Indiana havia coletado 3 mil pares de óculos para pessoas de Kosovo, e o oftalmologista de Bondsteel estabelecia a maneira de entregá-los para as pessoas mais necessitadas da província. Eu sabia que parte do dinheiro daquela conta ajudaria a cobrir as despesas. As crianças da escola Black Bob Elementary School, em Olathe, Kansas, haviam coletado e embalado vinte e duas caixas grandes de casacos de inverno, luvas e chapéus para as pessoas da área. Eu sabia que esses fundos ajudariam a cobrir custos do transporte também.

Poucas semanas mais tarde nos dirigimos para as montanhas novamente, dessa vez com um caminhão que carregava a lápide de

Merita. Eu mal podia esperar para que os Shabiu a vissem. Quando chegamos, nos cumprimentaram como se fôssemos da família. Havíamos levado esperança em nossa primeira visita, e aquilo nos tornara irmãos e irmãs. Eles choraram ao ver a lápide. A imagem de Merita, com seu belo sorriso, gravada no granito, causou uma emoção em seus pais que eu espero nunca experimentar.

Hamdi e Remzije abraçaram-me por um tempo muito longo. Merita começava a ser vista por mim como se fosse minha própria filha. Anne Lamott disse: "É somente experimentando esse oceano de tristeza de uma forma nua e crua que poderemos ser curados".[3] Isso era tanto triste como curador.

Merita foi novamente sepultada em um cemitério da comunidade, sua lápide chamava a atenção em meio às outras. Perto dali ficava um local sagrado, uma sepultura maciça de soldados albaneses que haviam morrido em uma ação militar contra os sérvios. Longe de ser esquecida, ela agora estava em um lugar digno, sua sepultura foi marcada com uma pedra que se erguia da terra como um girassol.

Diversas tradições religiosas foram representadas enquanto conduzíamos um breve funeral no novo local. As diferenças não importavam. A combinação de angústia e esperança avançou todos os limites para criar uma única experiência em comum – gratidão.

"O que experimentamos como sendo único acaba sendo freqüentemente o que mais solidamente existe na simples condição de ser humano", escreveu Henri Nouwen[4]. Isso era único e inesquecível.

O que Merita e sua família experimentaram está além da compreensão. No entanto, por meio de uma lápide, fomos capazes de compartilhar nossa humanidade e de servir um ao outro. Somos chamados a exercitar a hospitalidade com cada pessoa que encontramos. "O termo hospitalidade não deve ser limitado a seu sentido literal de receber um desconhecido em nossa casa", escreveu Nouwen, "mas como uma atitude fundamental para com nosso companheiro humano, que pode ser expressa de várias maneiras."[5] Nesse caso ela foi expressa pelo simples fato de conseguir uma lápide para uma menina que não deveria ter morrido.

Como eu soube que pegar meu computador era o que eles necessitavam naquele momento? Eu não sabia. O que aprendi foi a mesma lição que Moisés aprendeu quando cuidava de carneiros. No Antigo Testamento, no livro de Êxodo, Deus fala com Moisés por intermédio de um arbusto em chamas. Deus diz que Moisés deve ir até o faraó e exigir que os escravos de Israel fossem libertados. Minha livre tradução do diálogo é a seguinte:

> Moisés: Você não pode estar falando sério. Eu tenho problemas para falar.
> Deus: Estou falando sério. Você pode fazê-lo.
> Moisés: O faraó não acreditará em mim.
> Deus : Diga-lhe que eu o enviei.
> Moisés: Aí é que ele *realmente* não acreditará em mim. Não posso fazer isso.
> Deus: O que você tem em sua mão?
> Moisés: Uma vareta para ordenhar carneiros.
> Deus: Jogue-a na terra e pegue-a outra vez.

No solo, a vareta se transforma numa serpente, mas quando Moisés a pega ela volta a ser uma vareta. Penso que Deus está dizendo a Moisés que seja lá o que ele tenha em mãos será o bastante para fazer o trabalho.

Eu tinha um *laptop*. Os soldados em Kosovo tinham dólares nas mãos. Aquilo era suficiente para trazer honra a Merita e dignidade a sua família. No capítulo precedente mencionei sobre o moribundo que ofereceu suas duas fatias de tangerina para aliviar a garganta de outro moribundo. O que ele tinha nas mãos era justamente o que o outro homem precisava. *O caso é sempre esse.* Por alguma razão, sentimos que precisamos de mais treinamento, mais instrução, mais habilidades, mais tempo ou mais dinheiro. Não precisamos. *Nós somos as respostas para as orações dos outros.*

Às vezes é duro ver-se como uma resposta de oração. Em vez de esperar até que consigamos organizar um esforço maior para ajudar as pessoas, podemos começar por onde estamos e com o que temos. Eu falava sobre o assunto de servir aos outros para um grupo em Glasgow, na Escócia, quando um homem se aproximou no final, parecendo muito frustrado. Sua comunidade precisava construir um espaço para que mães solteiras tivessem seus bebês. Não havia nenhum local adequado na região e ele acreditava que tinha habilidades para construir um.

"Parabéns", eu disse. "Desejo-lhe o melhor nessa empreitada importante."

"Você não entende", ele disse. "Quero construí-lo, mas há tanto impedimento envolvido por parte do governo que nós nem sequer começamos. Estou muito frustrado pela forma como governo está impedindo que essa grande idéia se realize."

"Há quanto tempo você está tentando começar a fazer isso?", perguntei.

"Mais de dois anos", ele disse, com a voz exasperada.

"E nesses dois anos, quantas mulheres você ajudou?", perguntei.

"Nenhuma!", ele exclamou. "O governo não me deixa!"

"Eu tenho uma sugestão", disse a ele. "Você tem casa?"

"Sim."

"Ela tem um quarto sobrando?"

"Sim."

"Então abra o quarto para alguém que o necessite agora. Não espere até que tenha uma licença para construir o prédio e começar o programa. Comece com o que você tem agora."

Madre Teresa não esperou para recolher moribundos que agonizavam na rua até ter licença para construir o local. A Heart to Heart não esperou ter *status* não-lucrativo para reformar a YMCA em Belize. Moisés não esperou até que pudesse contratar um fonoaudiólogo. Nós apenas demos o primeiro passo. O mais importante.

O homem bem-intencionado não percebeu que podia começar com o que tinha em mão naquele momento. Uma das coisas que nos afasta do serviço ao outro é que queremos que as circunstâncias sejam perfeitas, mas elas nunca serão. Quem precisa, precisa do que temos disponível agora. Para Moisés, aquilo era o bastante para conduzir o fim da escravidão de seu povo. O que quer que tenhamos – um *laptop*, uma vareta de pastoreio, um quarto sobrando – é o suficiente no momento.

Depois de alguns meses minha viagem de deveres em Kosovo acabou e retornei para a minha família, minha cidade e meu trabalho. Pareceu improvável que houvesse uma razão para voltar a Kosovo. Mas, enquanto começava a preparar este livro, eu não conseguia tirar os Shabiu da cabeça. Queria saber como estavam. Sentia como se fossem parte da minha própria família.

Entrei em contato com a família do missionário que conheci durante meu tempo em Kosovo. Concordaram em me ajudar a reencontrar os Shabiu. Eu poderia levar alguns remédios para a família Shabiu e a outras que eles estavam ajudando? É claro que sim.

Será que eu conseguiria ver os Shabiu? Não havia nenhuma forma de avisá-los de que eu estava indo. Quando voei para a Macedônia durante o tempo da guerra civil e encontrei a fronteira em Kosovo fechada por causa da violência, fiquei me perguntando: "Isso vale a pena? E se eles não estiverem mais morando lá? Por que estou indo em direção a todo esse problema?". Tive de andar os últimos poucos quilômetros, pagando alguns adolescentes para que me ajudassem a carregar as caixas de medicamentos.

Depois de muitas horas respirando gases de exaustão, finalmente consegui atravessar a fronteira e encontrar meus amigos missionários, Randy e Lycia Harvey. Era uma vista bem-vinda após um dia muito enervante!

No dia seguinte fomos para as montanhas. Quando nos aproximamos da casa dos Shabiu, Hamdi e Remzije não me reconheceram em trajes civis. Mas, quando me identifiquei, trataram-me como um filho que não viam fazia muito tempo. Apressaram-se pela casa como que procurando copos suficientes para servir chá para todos. Ofereceram cigarros, obviamente produzidos por eles. (Aparentemente, minha influência sobre eles como médico era bastante limitada!)

Dentro da casa, olhei para a parede. Lá estava a mochila de Merita. Abaixo dela, uma bandeira albanesa e outra americana. Grudada na parede estava uma carta do general Sanchez dizendo aos militares americanos que, se recebessem tal carta de qualquer membro da família dos Shabiu, essa pessoas deveria ser tratada com "dignidade e respeito".

"Quando você está aqui, parece que minha filha se levanta do reino dos mortos", disse-me Hamdi.

Estar com eles outra vez parecia uma reunião de família. Levei presentes para cada um deles – chapéus, óculos escuros e jóias – e trocamos informações sobre nossa vida. Mostraram-nos as vacas que lhes haviam sido entregues, pagas por fora da conta bancária que havíamos abrido no ano anterior.

Após um longo dia emocionante, despedimo-nos. Eu queria ver a sepultura de Merita, então passamos por lá no caminho de volta. As ervas daninhas haviam crescido sobre sua lápide, assim como haviam crescido em torno dos edifícios bombardeados do local. Mas a lápide ainda está em pé, um monumento à pureza de uma criança e à graça de uma comunidade.

"Ela nos ensinou a amar uns aos outros", diz a placa, gravada com duras ferramentas sobre a lápide. Senti aquilo gravado em meu próprio coração também.

Capítulo Quatro

Dê o Que Você Puder

Fazer algo porque você se sente maravilhoso com isso – até mesmo um trabalho de caridade – é, no final, um ato egoísta. Não executamos o trabalho para nos sentir maravilhosos, mas para conhecer e amar o outro.

Padre Joe Warrillow[1]

Quando o devastador tsunami atingiu o Sri Lanka e a Indonésia em 26 de dezembro em de 2004, eu soube que precisava fazer algo para ajudar as pessoas mais afetadas pelo desastre. Nosso parceiro de longa data em resposta a situações como essa tem sido a FedEx, e, poucas horas depois da notícia, executivos da FedEx ligaram para dizer que seus aviões de carga estavam disponíveis para levar recursos até o local assim que estivéssemos prontos.

Porque desastres como furacões, tornados, terremotos e tsunamis ocorrem com certa regularidade, agências de auxílio sabem reagir rápida e eficientemente. Empresas de transporte como FedEx e Yellow Freight, juntamente com empresas farmacêuticas, como Johnson & Johnson, têm algo a oferecer quando elas se associam com organizações que podem fazer com que recursos cheguem às mãos certas.

As respostas dessas empresas sublinham meu sentimento de que a maioria das pessoas quer ajudar os outros. O que freqüentemente as impede de fazer isso é que não sabem como, ou não acham que o que têm a oferecer seja útil. A FedEx nos oferece aviões vazios. Yellow Freight nos oferece caminhões vazios. Outras organizações nos oferecem coisas para colocar nesses aviões e caminhões – todos com o desejo de servir aos outros.

Em poucos dias carregamos os aviões da FedEx com as doações em recursos médicos, remédios, água e sistemas de purificação de água e fomos para o Sri Lanka. Quando soubemos que algumas áreas na região eram difíceis de ser acessadas, o Exército dos Estados Unidos deixou que carregássemos alguns de seus helicópteros com os recursos e nos levaram a alguns lugares remotos.

Três equipes de televisão de Kansas City, juntamente com o senador americano Sam Brownback, nos acompanharam até o Sri Lanka. Era uma oportunidade para que o mundo visse não somente a devastação mas também a expansão da ajuda de todo o mundo. Pessoas estavam sofrendo e pessoas estavam respondendo.

Essa expansão foi similar à resposta aos ataques terroristas em Nova York e em Washington DC em 11 de setembro de 2001. No dia 10 de setembro, eu e minha equipe de funcionários tínhamos estado em Memphis, em reunião com a FedEx, para planejar alguns vôos para o ano seguinte. Soubemos que faríamos um vôo para a China, onde temos oferecido remédios e conferências próprias para médicos e enfermeiras por todo aquele país. Também soubemos que faríamos um vôo para alguns dos antigos territórios soviéticos que tinham grandes problemas com doenças por causa da pobreza e falta de recursos.

Realizamos diversas ações de auxílio nos Estados Unidos – em Oklahoma, onde os tornados reviraram cidades, assim como na Flórida, depois que tornados devastaram milhares de quilômetros de casas e propriedades. Trabalhamos com cidades em todo o país e nos associamos com abrigos que protegem mulheres e crianças que sofreram com violência doméstica, juntamente com orfanatos, abrigo para sem-teto, missões de salvamento e bancos de alimento.

Mas no dia seguinte aos ataques do 11 de Setembro, quando o país ainda estava horrorizado pelo choque, a FedEx nos ligou perguntando o que podia fazer para ajudar. Sabíamos que era possível conseguir recursos para hospitais desativados, mas precisávamos de uma área de estágio. A FedEx ofereceu seu armazém gigantesco no Brooklyn, de onde poderíamos distribuir nossos recursos médicos. Eles também conseguiram um local para nós em Manhattan, perto do World Trade Center.

Nosso relacionamento com a FedEx começou com o vôo ao Vietnã que descrevi anteriormente. Eu havia falado para um Rotary

Clube em Kansas City sobre o desejo da Heart to Heart de ajudar as pessoas do Vietnã, dizendo ao Rotarianos que a única coisa que estava nos impedindo era como fazer com que nossos recursos chegassem lá. Era um projeto arriscado, primeiramente. Eu havia ouvido falar sobre o sofrimento do povo vietnamita, que não tinha hospitais suficientes para tratar as regiões de alta pobreza e que as clínicas estavam reutilizando curativos, seringas e itens que espalhavam mais doenças.

O problema com esse projeto era óbvio. Os vietnamitas ainda nos viam como inimigos até certo ponto. Mas as relações entre o Vietnã e os Estados Unidos têm melhorado, e pareceu o momento certo de fazer algo corajoso. O problema era que eu não conseguia convencer ninguém a voar para lá com os recursos. Politicamente era muito arriscado para o Exército americano fornecer um avião de carga. Eu disse ao grupo que era essa a parte que estávamos tentando fazer.

Um homem da platéia sugeriu que eu falasse com outro grupo de que ele havia feito parte – um grupo de veteranos. Algumas semanas depois contei aos veteranos o que a Heart to Heart estava tentando fazer e um deles disse: "Conheço um homem com aviões". Ocorre que o homem de quem ele falava era Fred Smith, diretor executivo da FedEx. Não me senti encorajado pela conversa, porque já havia procurado a FedEx antes e minhas idéias nunca tinham passado do primeiro passo.

Mas esse veterano tinha estado em uma unidade do corpo de Fuzileiros Navais com Fred Smith. No Vietnã. Ele disse que escreveria uma carta para Smith.

Dentro de alguns dias meu telefone tocou. Era Fred Smith. "Quando você quer ir ao Vietnã?", ele perguntou.

O primeiro avião comercial dos Estados Unidos a entrar no Vietnã depois da guerra foi um avião da FedEx carregado com os recursos médicos para pessoas que costumávamos chamar de nossos inimigos.

As "grandes" respostas a eventos como tsunamis e ataques terroristas começaram com uma pessoa que fez algo pequeno. O veterano do Vietnã escreveu uma breve carta. Todos podem fazer algo para ajudar a aliviar o sofrimento. Pode ser que se torne algo grande, como conseguir aviões da FedEx, mas esse não é o ponto. Pouquíssimas pessoas têm acesso a aviões, helicópteros, caminhões e armazéns. Mas todos podem fazer alguma coisa.

Em Calcutá, vi que até mesmo nada era alguma coisa. Durante o esforço do vôo e dos voluntários que descrevi anteriormente, uma mulher se sentiu intimidada por todos os profissionais em nosso grupo.

Muitos dos voluntários eram médicos ou enfermeiras. Outros eram técnicos, engenheiros ou professores. Outros, ainda, eram proprietários das companhias que forneciam os recursos. Até mesmo alguns membros da banda de rock Queen estavam conosco, pois estávamos realizando alguns trabalhos com uma instituição para pessoas com Aids. A banda apoiava uma fundação contra a Aids que tinha o nome do seu antigo vocalista, Freddy Mercury, que morreu após uma longa batalha contra essa doença.

Essa mulher em particular não tinha treinamento profissional e se perguntava repetidamente: "Que posso fazer? Sou apenas uma mãe. Não tenho nada oferecer a essas pessoas necessitadas".

Seu trabalho voluntário em Calcutá era numa clínica repleta de bebês que haviam sido deixados para lá morrer. Havia aproximadamente vinte berços no local, projetados para um bebê em cada um. Mas os bebês dessa clínica eram tão frágeis e pequenos que os berços tinham até quatro bebês em cada um. Diane, nossa voluntária, contou pelo menos setenta e cinco bebês. Os pais, membros da família ou assistentes sociais haviam levado os bebês porque ninguém mais se importava com eles. Diane observou então uma placa na parede.

"Não segure os bebês", dizia a placa.

Diane perguntou a uma das irmãs missionárias sobre a placa.

"Se você segurar um dos bebês", disse a irmã, "os outros bebês sentem e choram porque também querem ser segurados. É muito barulho, simplesmente porque não há como segurar todos os bebês."

Diane não tinha nada. Nada além do espaço vazio entre as mãos. Nada a oferecer, exceto... nada.

Pelo resto do dia, Diane segurou bebês, confortou-os, rezou sobre o minúsculo corpo deles, chorou e ajudou a conduzi-los deste mundo para outro. Não tinha nada a oferecer, o que era exatamente do que aqueles bebês precisavam.

Em situações subjugantes como um tsunami, é fácil assistir às reportagens e sentir-se impossibilitado. Mesmo quando há acesso à medicina e ao transporte, é fácil sentir que o que nós temos a oferecer é muito pouco para fazer alguma diferença. Mas esse sentimento de impossibilidade não impediu, de qualquer forma, que um grupo universitário fizesse algo.

Um grupo de música a capela chamado Pointless, da Point Loma Nazarene University, em San Diego, estava em uma viagem pela Costa Oeste quando ficaram sabendo das notícias do sofrimento no Sri Lanka.

"Nós nos sentamos, assistimos às imagens e sabíamos que queríamos fazer alguma coisa", disse Gerard Brown, um dos cantores. "Nosso coração realmente alcançou as vítimas."

Todos queriam fazer *algo*. Mas o quê? Decidiram que doariam os rendimentos da viagem, originalmente destinados a financiar a gravação de seu próximo CD. Continuaram fazendo o que já estavam fazendo. Eles simplesmente redistribuíram um pouco do dinheiro que estavam recolhendo. Eles não haviam saído em viagem para aliviar os resultados de um tsunami. Eles apenas ajustaram o que já estava em progresso – quase nada.

Quando retornaram a San Diego, viram que seus colegas da universidade também estavam tentando fazer algo com quase nada. Os estudantes conseguiram com o serviço de alimentação do *campus*, Sodexho, permissão para pular algumas refeições a fim de que a empresa doasse o valor dessas refeições em dinheiro para os grupos de auxílio. Outros estudantes levaram avante o que chamaram de "bebida rápida", que significava economizar o dinheiro que seria gasto com café ou refrigerante, bebendo apenas água para doar o dinheiro que gastariam com outras bebidas. A classe sênior decidiu não fazer uma viagem de fim de ano e doou o dinheiro que gastariam. Um dos membros da faculdade de música não tinha o dinheiro que queria doar, então realizou diversos concertos beneficentes em igrejas e centros de idosos em San Diego e deu o dinheiro aos grupos de ajuda.

O capelão da universidade, em uma das missas, colocou-me em contato com a capela da universidade pelo telefone, quando eu estava no Sri Lanka, e eu lhes contei sobre nossos esforços. Queria desafiá-los mais ainda.

"Todos podem fazer algo", eu lhes disse. "Mesmo que você não tenha uma boa voz para cantar, ou uma agência do auxílio ou uma frota de aviões. Todos temos algo a oferecer."

Muitos estudantes deram dinheiro, pelo qual fiquei muito grato. O Pointless fez um show beneficente e doaram todos os rendimentos para auxiliar as vítimas do tsunami.

Não comer nada transformou-se em algo. Não beber nada transformou-se em algo. Não ir a lugar nenhum transformou-se em algo. Todos podem fazer nada e transformar isso em alguma coisa.

Em algumas semanas os rendimentos do concerto beneficente, a contribuição dos estudantes, a Sodexho, a bebida rápida e a viagem cancelada dos estudantes da classe sênior ultrapassou os US$ 40 mil que foram doados para os grupos de auxílio da Heart to Heart International para o tsunami. E já que a Heart to Heart consegue fazer com que US$ 1 tenha o valor de US$ 25 em produtos equivalentes, mais de US$ 1 milhão em ajuda foi doado às vítimas do tsunami apenas por essa pequena escola.

A coisa mais interessante sobre fazer o que pudermos, não obstante o quanto pareça insignificante, é que isso em geral é exatamente o que a outra pessoa necessita.

Em uma escola especial de San Diego, num dos bairros mais pobres da cidade, alguns desses mesmos princípios foram aplicados, com resultados muito interessantes. A escola King-Chavez fica em uma área onde o governo federal toma conta da escola de ensino fundamental pública porque os estudantes consistentemente tiram notas baixas nos testes padronizados estabelecidos pelo governo. Cem por cento dos estudantes no King-Chavez estão no programa de almoço do governo. Pouco tempo depois de a escola ter iniciado suas atividades, os estudantes começaram a tirar notas nos testes muito mais altas que o exigido.

"É uma escola baseada no princípio do amor", disse o diretor da escola. "Nós não começamos ensinando os padrões do estado. Nós começamos com Mateus 6:13 da Bíblia: "Busque primeiro o Reino de Deus e todo o resto virá para você".

"Não entramos com novos programas. Começamos amando [os estudantes]. As outras coisas vieram com o tempo. Quando o amor se ajustou, suas notas nos testes subiram."

John Walton, filho do bilionário Sam Walton, fundador do Wal-Mart, foi um dos suportes financeiros da escola do King-Chavez, assim como outras escolas inovadoras em todo o país. Walton, 58 anos, foi morto em um acidente aéreo em 2005; alguns meses antes de sua morte ele apareceu na escola sem avisar.

"Ele investiu o dinheiro para abrir esta escola", disse o diretor. "Mas nunca houve nada por trás disso. Sempre ficamos felizes ao vê-lo por perto."

Depois de alguns momentos de conversa durante essa visita particular, Walton disse ao diretor que a escola parecia ótima e perguntou se havia qualquer outra coisa que ele pudesse fazer.

"Sim", o diretor lhe disse. "Os banheiros precisam ser limpos."

Sem hesitação, Walton perguntou: "Onde está o esfregão?".

Aproximadamente trinta minutos mais tarde Walton reapareceu com a tarefa completa.

"Tivemos um momento repleto de tensão e admiração em que nenhum de nós disse coisa alguma por aproximadamente cinco segundos", o diretor disse. "Eu estava em um momento Espírito Santo, poético e irônico."

Walton foi embora tão sem aviso quanto tinha chegado.

Comparado ao que *poderia* ter feito, como espalhar mais um pouco de seus milhões dos dólares, alguém pode dizer que ele não fez quase nada. Era um desperdício do seu tempo e de seus recursos esfregar um assoalho. Mas aquilo era o necessário no momento. Então era tudo para Walton e para a escola.

Blake Nelson, um jovem que conheci durante a maior parte de sua vida, sofrera um ferimento sério na perna com 2 anos de idade e ficou confinado com um emplastro de gesso que começava no meio do torso e se estendia por quase todo o comprimento de uma parte e até o fim da outra. Ele ficou imobilizado desse jeito por seis semanas, e sua dor era grande. Era impossível manter o molde completamente seco na área da virilha, então além de sua dor e falta da mobilidade, ele tinha queimaduras na pele causadas por urina. Sua família viveu no sul de Ohio em uma casa alugada sem ar-condicionado, e nessa época era julho. Ele estava num estado miserável, e seus pais não tinham mais idéia de como mantê-lo confortável e ocupado.

Uma vizinha, sra. Fleming, bateu à porta uma tarde. Havia percebido que os pais levavam Blake para caminhadas em um carrinho acolchoado com travesseiros e presenciou como os pais levavam o filho escada acima em sua forma mumificada. Havia qualquer coisa que pudesse fazer para ajudar?

Sra. Fleming estava com seus 80 anos. Pesava aproximadamente quarenta quilos. Sua postura era inclinada pela osteoporose, de modo que sua cabeça precedia o resto de seu corpo. Parecia frágil e fraca. Os pais de Blake não imaginavam como ela poderia ajudar com o pequeno e suado menino à beira da loucura em meio a vários quilos de gesso.

A mãe de Blake teve a sabedoria de fazer esta pergunta: "Você tinha alguna coisa em mente?".

"Bem", disse a sra. Fleming, mexendo no bolso de seu vestido caseiro, "eu trouxe algo para brincar com ele."

Retirou um único balão vermelho. Encheu-o, amarrou com um nó na extremidade e atirou-o suavemente na direção de Blake, que estava deitado em um cobertor no assoalho da sala de estar. Blake animou-se, riu e golpeou o balão de volta para ela. A sra. Fleming sentou-se em uma cadeira do outro lado do quarto e jogou o balão de volta para ele.

Marcia, mãe de Blake, saiu do quarto, sentou-se à mesa da cozinha e desandou a chorar. Era a primeira vez desde o acidente que via seu filho sorrindo. Para ela, aquilo era o som da esperança.

Enquanto a sra. Fleming e Blake jogavam, Marcia limpou pratos sujos que havia negligenciado, porque isso significava deixar Blake desacompanhado.

A brincadeira com a sra. Fleming durou aproximadamente trinta minutos e deixou ambos cansados. Quando ela deu adeus a Blake, ele disse: "Você pode voltar amanhã".

Foi o que ela fez. Pela maior parte dos dias de sua recuperação.

A sra. Fleming não era uma cirurgiã ortopédica, ou uma especialista em densitometria óssea, nem era especialista em coisa alguma. Poderia ter facilmente presenciado o menino passar em seu carrinho e dizer: "Que pena. Eu gostaria de poder fazer algo. Mas não tenho nada para oferecer a ele".

Ela tinha espaço em sua vida. E ar para um balão. Quase nada. Apenas o que Blake e seus pais necessitavam. De que vivemos? Atos pequenos de serviço para o outro.

Em seu romance *Jayber Crow*, o escritor Wendell Berry conta sobre uma pequena cidade onde os homens jovens estavam sendo mandados para a guerra. Jayber, narrador do romance, era o barbeiro local, e as pessoas iam freqüentemente a seu salão para algo mais que um corte de cabelo. Necessitavam de alguém que os escutasse.

Tarde da noite, horas depois de ter fechado a barbearia, Jayber sentou-se em sua própria cadeira de barbeiro para ler. Um cliente, Mat Feltner, passava por ali e olhou pela janela. O filho de Mat, Virgil, havia desaparecido na ação. Jayber convidou Mat a entrar.

Jayber e Mat conversaram sobre coisas sem importância – o que estava acontecendo na cidade, sobre o clima e um pouco sobre a guerra – e então ficaram em silêncio.

Finalmente, Mat disse que tinha tido um sonho com seu filho Virgil quando menino. No sonho tornou-se claro para Mat que seu filho não seria encontrado. No romance, Jayber continua narrando:

"Contou-me aquilo com uma voz tão firme e contundente como se estivesse me contando alguma notícia do dia, então disse: 'Tudo que pude fazer foi abraçá-lo e chorar'".

"Então eu não mais consegui ficar sentado naquela cadeira alta. Tive de descer dela e sentar-me perto de Mat."

"Se ele tivesse chorado, eu também o teria feito. Ambos poderíamos ter feito, mas não choramos. Sentamo-nos juntos por um longo tempo e não dissemos uma palavra."

"Depois de um tempo, embora a angústia não tivesse se afastado de nós, ela se acalmou. O que parecia uma tempestade se aproximando pela escuridão aparentemente se desfez."

"Mat se levantou e foi até a porta. 'Bem, obrigado', ele disse sem olhar para mim naquele momento e foi embora."[2]

Não precisa ser um avião que voe para o Sri Lanka, embora aquilo tenha ajudado muitas pessoas. Uma vez que servir ao outro se transforma em parte da vida diária, podemos oferecer algo tão pequeno quanto pular uma refeição, beber água, abrir nossos braços, limpar um banheiro, atirar um balão ou sair de uma cadeira. Virtualmente nada.

Para alguém em particular, o que parece nada pode ser tudo.

Capítulo Cinco

Pense Pequeno

Você pode passar metade do seu tempo sozinho, mas também precisa estar em serviço, ou ficará um tanto engraçado.
Anne Lamott[1]

Havíamos acabado de sair da mesa de jantar quando ouvimos uma buzina de carro. Talvez eu tivesse lido algo na linguagem corporal de Pete O'Neal que não estava realmente presente. Mas quando você é um fugitivo, em algum momento deixa de ficar nervoso?

Em meu bairro uma buzina não é motivo para preocupação. Geralmente significa que alguém não entendeu como usar o alarme do carro. Quando você está na selva africana, no entanto, a quilômetros de distância de qualquer rua pavimentada, cercado de lama e grama, vivendo como os africanos viveram durante séculos e você é a única pessoa que tem um carro, uma buzina de fato chama a atenção.

Alguém precisava muito chegar até a casa de Pete para enfrentar quilômetros de estrada de terra e caminhos danificados pela chuva em meio à escuridão. Pete, com o rosto muito preocupado, olhou para sua esposa, Charlotte. Ela ergueu os ombros. Tanta coisa havia sido dita naquele momento de troca. Quem teria dirigido até lá? Por quê? Quem sabe que estamos aqui? Como nos encontraram? O que eles querem?

Com suas tranças rastafáris grisalhas amarrados para trás da cabeça, as costas duras fazendo com que se levantasse vagarosamente, Pete parecia o líder idoso do *Rei Leão*. Ele pegou sua bengala e caminhou em direção ao som.

Os demais presentes permaneceram na mesa em silêncio, ouvindo o ruído do motor de um Volkswagen acentuado pelo latido de inúmeros cães que haviam sido acordados. Havíamos falado sobre a época de Pete como fundador do Partido Panteras Negras em Kansas City. Discutimos sobre seus constantes conflitos com a polícia local e suas tentativas de interromper audiências em Washington, DC.

Pete nos contou sobre o julgamento em que ele havia sido condenado por transportar uma arma através das fronteiras do estado. Ele nos contou sobre as ameaças de morte que recebeu nos Estados Unidos e como escapou com a ajuda do Partido Comunista Americano antes de ser mandado para a cadeia. Agora, se ele tentasse voltar aos Estados Unidos, seria preso imediatamente.

Essa era minha segunda visita a Pete e Charlotte na África. No começo era estranho procurar por um fugitivo – um criminoso condenado – para que nos ajudasse em um vôo. Afinal, os Panteras Negras sempre foram temidos nos Estados Unidos quando eu crescia nos anos 60 e 70. Eles tentavam usar a violência para oprimir o governo americano. J. Edgar Hoover, diretor do FBI naquele tempo, chamou os Panteras Negras de maior e mais séria ameaça à segurança do país.

Lembre-se da pergunta de Tolstói em um capítulo anterior: "De que vivem os homens?". Pete e Charlotte O'Neal são exemplos perfeitos da transformação que ocorre na vida das pessoas que vivenciam a resposta à pergunta de Tolstói. A resposta é servindo aos outros.

A área de jantar na casa de Pete e Charlotte é extraordinariamente moderna, comparando com o que há nas proximidades. É como um pátio fora de um restaurante agradável. Há holofotes, um a antena parabólica, uma televisão com videocassete, sofás e cadeiras, um quadro de dardos, um tabuleiro de xadrez. Na parede estão os retratos dos anfitriões que moram na Tanzânia: Pete escalando o Monte Kilimanjaro, Charlotte na inauguração de um centro artístico local, os dois recebendo um prêmio do Conselho Nacional de Artes. Também há fotos do passado distante nos Estados Unidos: Pete e Charlotte com boinas pretas e óculos escuros segurando armas, severamente feridos no rosto. Um troféu de boxe descansa numa prateleira.

Enquanto Pete checava a buzina, Charlotte mantinha sua conversa, mas nunca tirava os olhos da porta de onde ele havia deixado a sala.

Logo ouvimos o carro se distanciando e Pete surgiu da escuridão, brilhando. Era um mensageiro do aeroporto de Kilimanjaro, a quase uma hora de distância. Pete segurava um grande envelope amarelo que continha uma fita de vídeo chamada *Americanos no Exílio*. Tratava-se de um documentário sobre sua vida, feito por cineastas da Universidade da Califórnia em Berkeley. Essa era a primeira cópia. Nunca havia saído da sala de edição em Berkeley. Ele gesticulou para nós na mesa de jantar.

"Gostariam de ser os primeiros a ver?"

"Talvez você e Charlotte devessem assistir primeiro para ter um pouco de privacidade", eu disse.

"Você é da família", ele disse. "Vamos assistir juntos." Desde o dia em que conheci Pete e Charlotte eu me sinto parte da família deles.

Nunca estive na estréia de um filme hollywoodiano. Mas naquela noite, na selva africana, assisti à estréia de um filme tanzaniano que não esquecerei nunca.

O filme começou mostrando cenas do bairro de Pete em Kansas City onde ele passou seus anos de crescimento dentro e fora da cadeia. Mostrou a atual sede do Partido Panteras Negras. Mostrou os Panteras confrontando a polícia. Mostrou-os alimentando crianças em escolas pobres logo pela manhã. Havia entrevistas com a mãe de Pete e seus irmãos, que ainda vivem em Kansas City, e reportagens locais que cobriam os Panteras Negras.

Enquanto assistíamos, Pete e Charlotte estavam num outro mundo, trinta anos antes. "Como eles conseguiram essas fotos?", eles exclamavam um para o outro. "Como descobriram isso?"

Eles ficaram impressionados com a parte que mostrava Pete interrompendo o Senado dos EUA numa audiência do diretor do FBI Clarence Kelly. O'Neal e Kelly eram antigos adversários. Kelly era chefe de polícia de Kansas City, e Pete tinha um longo histórico de confrontos com ele.

Quando Kelly estava prestes a ser selecionado para uma das posições policiais mais prestigiadas do país, Pete estava lá para gritar em protesto, chamando Kelly de ameaça à sociedade. O filme mostrava Pete, com sua boina preta e óculos escuros, sendo retirado pelos guardas. Pete e Charlotte, sentados juntos no sofá, balançaram a cabeça e sorriram. Eles acreditavam na luta e acreditam nela ainda. Mas hoje a batalha tomou direções diferentes. Antigamente ela incluía a violência. Não mais. Agora trata-se de serviço.

Pete organizou a fraternidade dos Panteras Negras em Kansas City em 1969. Quando ouviu a retórica de Eldridge Cleaver, Huey Newton e outros fundadores do Partido Panteras Negras, algo ressoou nele. Havia rumores de uma revolução armada nos Estados Unidos – uma violenta derrubada do governo americano. Havia um chamado para que as comunidades negras controlassem seus próprios destinos. Havia um apetite entre os negros do país para derrubar seus opressores e desenvolver uma nova estrutura de poder. O movimento mobilizou reforço da lei por todo o país. A maior parte dos brancos americanos tinha medo dos Panteras Negras, mas também ficavam fascinados por eles.

Ser membro dos Panteras Negras possibilitou a O'Neal ajudar sua própria comunidade da cidade de Kansas a criar uma forma diferente de ver a vida dos negros americanos, ele disse. A fraternidade pressionou a polícia local seguindo seus carros para documentar e denunciar quaisquer abusos. Os membros do partido participavam de reuniões políticas privadas e públicas, exigindo que as necessidades de suas comunidades fossem atendidas. Eles confrontaram oficiais públicos, a polícia, os negócios e as igrejas, às vezes violentamente. Fizeram muitos inimigos por causa de suas táticas e ameaças. A disputa entre a polícia e os Panteras Negras tornou-se pessoal a ponto de Pete desafiar o delegado Clarence Kelly para um duelo.

"Todos os grupos revolucionários daquela época – os Panteras Negras, os Weathermen, os Estudantes da Sociedade Democrática e outros – acreditavam que o sistema de governo americano era tão corrupto que tinha de ser destruído e refeito desde seu alicerce", disse Pete. "Nós víamos o departamento de polícia como um exército de ocupação, ameaçando nossa existência, então ele deveria ser destruído também."

Mas, por meio dos confrontos, os Panteras Negras continuaram fazendo algo a mais: alimentavam crianças e distribuíam roupas para os necessitados.

“Todo mundo gosta de falar de armas e violência”, disse Pete. “Mas o que me atraiu para os Panteras é o que me motiva aqui na Tanzânia – serviço comunitário. Uma das maiores alegrias da minha vida como Panteras Negras era fornecer comida para crianças com fome todas as manhãs. Não nos importávamos onde conseguíamos. Por um tempo, a Máfia fornecia comida para o nosso programa. Tenho certeza de que aquelas crianças eram as únicas que comiam lombo no café-da-manhã! A Máfia gostava de nós porque mantínhamos a polícia ocupada, longe de seu encalço.”

Além de alimentar crianças famintas, os Panteras também estabeleceram uma clínica de saúde gratuita, onde um médico, uma enfermeira e um farmacêutico doavam seu tempo.

Enquanto os Panteras continuavam a inflamar a situação já tensa entre os negros e a polícia, o serviço comunitário continuava. Então Pete aprendeu uma lição na filosofia dos Panteras.

“A liderança dos Panteras puxou-me de lado um dia dizendo que eu deveria acalmar meus confrontos pessoais com a polícia porque aquilo estava sendo mais importante do que ajudar a comunidade”, ele disse. “Aquele pensamento era novo para mim – que a necessidade da comunidade era mais importante que a necessidade do indivíduo – e fiquei atraído por isso. Tornei-me mais envolvido com o serviço, que tinha um impacto direto sobre meu materialismo e idéias pessoais. Comecei a enxergar melhor a situação.”

Os embates de O’Neal com a polícia culminaram com sua prisão por transportar uma arma além da fronteira do estado. Ele foi condenado em 1970 e sentenciado a quatro anos de prisão.

“Depois da minha condenação, um policial deixou claro para mim que minha vida na cadeia seria curta. Ele disse que eu sairia de lá em uma caixa. Ele disse isso com um sorriso no rosto. Eu soube no momento que o juiz havia me sentenciado à morte.

Pete e Charlotte fugiram do país e viveram com outros membros do partido no exílio, primeiro na Suécia e depois na Argélia. Naquele tempo eles esperavam retornar aos Estados Unidos em um ano. Enquanto esperava pelo anúncio de que teria outro julgamento, os O’Neal voltaram a se estabelecer na Tanzânia, naquela época um país socialista onde eles têm vivido desde 1974.

Desde seus primeiros dias na Tanzânia eles começaram a colocar em prática a filosofia de melhorar suas comunidades onde quer que estivessem. O assunto da derrubada do governo americano foi substituído pelo desejo de melhorar a vida daqueles com quem eles estavam vivendo. Eles começaram a trabalhar na terra sem conhecimento algum para fazê-lo e ligaram-se aos seus vizinhos. Pete abriu um negócio para fabricar salsichas. E do mesmo modo que fizeram em Kansas City, abriram um centro comunitário.

"O bicho-carpinteiro do serviço comunitário nos mordeu em Kansas City", disse Charlotte. "Uma vez que você sente o quanto é gratificante servir aos outros, na verdade você não consegue parar."

Os O'Neil organizavam caronas de ônibus para as escolas locais. Charlotte, uma artista, ensinou artes para mulheres das vilas próximas.

"As aulas de arte abriram um completo novo mundo para essas mulheres", disse Charlotte. "Elas chegavam até nossa casa muito abatidas e sem confiança em seus dons. Agora elas têm confiança. Os trabalhos delas são exibidos nas cidades próximas. Elas são artistas."

Vendo a devastação causada pela Aids no país, os O'Neal exibiram vídeos de prevenção para quem quer que os visse. Não era culturalmente aceitável falar em público sobre a Aids naquele tempo, mas alguém precisava espalhar a mensagem de que era possível prevenir a doença.

Eles distribuíram panfletos nas primeiras vezes que mostraram o vídeo. Tantas pessoas responderam que não cabiam mais na sala de televisão dos O'Neal, então eles ligaram uma pequena televisão na bateria do carro. Dezenas de pessoas cercavam o carro para assistir ao vídeo. Pete levou a fita até áreas industriais da cidade mais próxima, Arusha, colocou a televisão e o videocassete em cima do carro e mostrou a fita aos trabalhadores em seu horário de almoço.

Pete e Charlotte também organizaram festas para realçar as danças e músicas tradicionais de herança tribal. Os idosos da comunidade enxergaram o valor desses esforços e decidiram que os O'Neal deveriam receber um espaço de terra de quatro acres para continuar desenvolvendo suas atividades.

"Essa decisão foi muito significativa", disse Charlotte. "Não somos tanzanianos e não fazemos parte da tribo Wamiri que domina esta área. Mas eles viram como essas coisas todas beneficiaram a comunidade e queriam que nós continuássemos."

Agora o complexo tem várias construções para acomodar hóspedes, artistas em residência e estudantes de intercâmbio. Há aulas de computação, criação de moda, pintura, música e dança. O comissário tanzaniano da cultura é um dos protetores centrais do que hoje é chamado Centro Comunitário Americano-Africano Unido.

Um dos programas oferecidos pelo centro é chamado Cure a Comunidade, que dá a oportunidade a adolescentes problemáticos de Kansas City para passar um tempo com os O'Neal na Tanzânia.

"É uma chance para que eles conheçam suas heranças e abram os olhos para um mundo maior do que seus bairros", disse Pete. Muitas dessas crianças não conhecem sua própria história. Elas saem daqui com muito mais respeito por si próprias."

Quando vejo como Pete e Charlotte vivem sua vida para os outros e penso sobre o improvável caminho que percorreram da violência até o serviço, lembro a história do Bom Samaritano. Jesus conta a história em resposta à pergunta "Quem é meu vizinho?".

A história conta sobre um homem que anda sozinho na rua e é atacado por ladrões que o espancam e o deixam lá para morrer. Um líder político atravessa a rua para evitar o homem, que está morrendo. Um líder religioso passa por ele e faz a mesma coisa. Mas um samaritano pára quando enxerga a vítima. Os samaritanos eram um grupo detestado, eram vistos pela cultura dominante como subumanos. O samaritano coloca o homem em seu cavalo, leva-o para cuidados médicos e paga a conta adiantado. Então Jesus faz a pergunta: "Quem agiu como vizinho?".[2]

O que eu mais gosto nessa história é que foi a pessoa mais improvável que ajudou o homem. Os samaritanos rejeitavam a sociedade da época e haviam se revoltado contra ela. Os samaritanos tinham a maior fama de corruptos. Eles eram o inimigo – talvez até mesmo os Panteras Negras daquela época. A história é tão poderosa porque trata-se de um "inimigo" respondendo a uma pessoa necessitada. Ela ensina que nosso "vizinho" é quem quer que esteja em dificuldade e, além disso, que o serviço aos outros pode ocorrer nas situações menos prováveis.

Thomas Keating diz que o serviço, que vem de um centro de amor, "não conhece fronteiras políticas nem religiosas... Na pessoa do Bom Samaritano, as fronteiras são varridas para longe". De acordo com Keating, a parábola significa que "Todos devem se preocupar com todos".[3]

A primeira vez que ouvi sobre Pete foi quando eu estava tentando conseguir um vôo para levar recursos médicos até Arusha, uma cidade vizinha à minha cidade natal, Kansas City. A Tanzânia é um dos países mais pobres do continente mais pobre do mundo. A Heart to Heart queria levar recursos médicos extremamente necessários para clínicas e hospitais no local. Depois de uma reunião no centro de Kansas City com alguns líderes empresariais e políticos, o prefeito me puxou de lado.

"Quando você for para Arusha, quero que entre em contato com um primo meu distante", disse o prefeito Emmanuel Cleaver. Eu sabia que ele era parente de Eldrige Cleaver, um dos fundadores do Partido Panteras Negras em Oakland, na Califórnia. Mas o prefeito me contou sobre outro primo chamado Pete O'Neal. Entrei em contato com Pete e ele me convidou para ficar em sua casa de hóspedes enquanto eu procurava por lugares adequados para o nosso vôo. Eu não sabia o que esperar quando cheguei. O prefeito Cleaver havia me contado sobre Pete, e eu lera algo sobre ele. Eu era um adolescente durante os conflitos raciais nos anos 60 e lembro do quanto tinha medo dos Panteras Negras. Qualquer branco que eu conhecia tinha medo deles. Quanto mais eu me aproximava do meu primeiro encontro com Pete, mais apreensivo eu ficava.

Quando cheguei a sua casa, lembro de ter pensado, "Então essa é a vida de uma celebridade fugitiva".

Uma construção tem um mural com o rosto dos que lutaram pela liberdade e pelo direito dos negros nos Estados Unidos. Malcom X, cujo livro *A Autobiografia de Malcom X* deu energia e fortificou as crenças de Pete, aparece no centro e à frente. Martin Luther King, Nat Turner, John Brown, Sojourner Truth e Harriet Tubman também estão lá. A construção onde Pete e Charlotte dormem tem a pintura de uma feroz pantera negra.

Confesso que tive receio em associar a Heart to Heart com um condenado fugitivo que havia sido tão radical e comprometido com sua militância em derrubar o governo americano. Será que os O'Neal usariam esse projeto por razões políticas pessoais? Eu não sabia se podia confiar neles.

No entanto, quando conversei com Pete, senti uma ligação instantânea. O aconchego pessoal de Pete combina apenas com a intensidade de sua visão. Naquela primeira noite conversamos até a manhã seguinte sobre as crenças que ambos tínhamos. Ambos somos ativistas e idealistas. Ambos temos consciência dos problemas e das injustiças do mundo. Ele havia apoiado a revolta contra um sistema político que sentia ser injusto. Eu escolhi trabalhar por dentro do sistema e dirigir o papel do indivíduo para a mudança do mundo.

Por mais diferentes que fôssemos e por mais diferentes que fossem os caminhos que escolhemos, uma coisa era a mesma. Achávamos que o mundo precisava melhorar. Conversamos sobre política, relações raciais, relações internacionais e sobre o quanto nós dois enquanto éramos jovens tínhamos grandes sonhos, pensando que poderíamos mudar o mundo.

Contei a ele sobre a Heart to Heart, sobre o discurso que fiz no Rotary Club e como chegamos às áreas de desastre ao redor do mundo para fornecer recursos médicos. Disse a ele que damos oportunidade para que líderes empresariais e indivíduos sozinhos possam encontrar sentido na vida. Contei a ele sobre fornecer ajuda imediata a vítimas de tornados, enchentes e furacões nos Estados Unidos, assim como a quem sofre de desastres naturais ou econômicos em todo o mundo.

Contei a ele sobre minha filosofia de que servir aos outros é o modo de encontrar significado e sentido para a vida e sobre os três pontos que repito para qualquer pessoa:

- Todos têm algo para dar.
- Todos podem começar por onde estão no momento.
- A maioria das pessoas quer ajudar as outras quando enxerga a necessidade e a oportunidade.

Pete me contou sobre seus esforços e os de Charlotte na Tanzânia. Disse-me que haviam abandonado a violência como meio para a mudança e decidido causar impacto onde quer que vivessem. Havia similaridades nos esforços que enfrentamos para realizar nossos objetivos. Muitos têm de lidar com o que acontece quando parece que estamos em um impasse, quando nossos recursos simplesmente não podem ser esticados o suficiente para suprir as necessidades desesperadas daqueles em torno de nós.

"Há uma lei no universo que ocorre nesse ponto", disse Pete. "Aprendi isso com Charlotte, que deve ter aprendido em decorrência de sua educação religiosa em Kansas City. É simplesmente: "Dê, e você receberá. Não dê, e tudo será tirado de você." Entendi o sentimento.

Pete citou vários exemplos de como essa lei funcionava em seu centro comunitário. Eles começaram as aulas com cerca de doze pessoas amontoadas ao redor de um computador. Em poucas semanas as empresas e o governo local haviam fornecido a eles mais computadores. Agora eles têm uma sala de aula completa com um computador em cada mesa. Para apreciar isso de forma completa você precisa lembrar do quanto eles estão longe da vida urbana. A região ao redor deles ainda tem fornecimento irregular de energia elétrica. A água para as vilas locais ainda é coletada e carregada de um poço. Os empregos são somente braçais, em plantações de milho, café ou flores.

A popularidade e o sucesso das aulas de computação foram duplicados com aulas de música, línguas, dança e arte. Enquanto a notícia se espalha pela vila no Centro Comunitário, as pessoas do local procuram formas de contribuir.

"Ver tudo retornando lhe dá forças para seguir para o próximo dia", disse Pete.

Eu sabia exatamente o que ele queria dizer. As pessoas da Heart to Heart têm sentimentos parecidos quando respondem a um furacão arrasador em New Orleans, um tornado devastador em Oklahoma e um terremoto recorde no Paquistão. Começamos como se tivéssemos o que precisamos, mesmo que não tenhamos, e sempre há o suficiente para prosseguir. Quase nunca acontece, apesar de esperarmos os recursos ou voluntários suficientes para responder às necessidades. *Se esperamos, nunca há o suficiente para agir. Se agimos, sempre há o suficiente.* Como disse Pete, parece ser uma lei do universo.

O rabino Harold Kushner escreve de uma perspectiva similar em seu livro *How Good Do We Have to Be?* [Quão bom devemos ser?] Ajudar os outros, diz Kushner, "não é como uma conta bancária que se esgota quando cada dólar de amor só pode ser gasto uma vez. O amor não é como um bufê em que a pessoa na sua frente ameaça pegar muito e deixar pouco para você... Sempre que 'damos' nosso amor, Deus nos abastece de tal forma que nos tornamos canais de Seu amor para Seus filhos, um canal que nunca se esgota".[4]

Naquela primeira noite eu e Pete iniciamos uma amizade e uma parceria. Ele nos ajudou a identificar os lugares da Tanzânia que mais precisavam de recursos médicos. Ele também me ajudou a ver a paixão de uma pessoa ajudando os outros exatamente onde está, mesmo não podendo voltar para casa.

"Onde eu seria capaz de fazer o que faço se estivesse nos Estados Unidos?", ele perguntou. "Sempre me pergunto se minha vida teria sido diferente se eu não tivesse entrado naquele carro, escapado de Kansas City por Nova York. Na verdade acho que sei a resposta. Eu estaria morto."

O rabino Kushner disse que, num nível racional, dar-se aos outros não muda seu passado, "mas no nível irracional, onde mora nossa alma, com certeza somos apresentados ao melhor de nós mesmos".[5] Pete estava claramente vivendo o seu melhor na Tanzânia.

No fim da minha visita inicial, Pete disse que tinha uma pergunta para mim.

"Gary, conversamos a noite toda sobre o que nos motiva e nos inspira", ele disse. "Para mim, começou como um movimento político. Mas aquele movimento acabou. A maior parte das crenças que me fizeram começar nisso tudo provou ser ineficiente. Então tenho uma pergunta para você: Para que 'ismo' devemos dar nossa vida?"

Havia uma grande intensidade em sua voz.

Pete contou-me sobre a transformação em sua vida quando ele se entregou a um "ismo". No caso dele era o socialismo. Nos primeiros dias de sua transformação, a vida socialista parecia ideal. As pessoas faziam o que podiam pelo bem da sociedade e as necessidades de todos eram atendidas, de acordo com a filosofia.

Ele apontou para aquele incidente quando os líderes do seu partido lhe disseram que ele deveria deixar de lado seus problemas pessoais com a polícia de Kansas City para servir à comunidade negra de Kansas City.

"Era uma filosofia completamente oposta ao que eu estava vivendo", disse Pete. "Eu era a pessoa mais materialista e egoísta da face da Terra e não me importava em como conseguia minhas roupas, jóias e carros."

O pensamento marxista abriu seus olhos para um mundo maior do que ele mesmo. Esse pensamento deu-lhe energia e motivação. Então ele assistiu ao colapso do socialismo por meio da ganância e da hipocrisia.

"Foi o 'ismo' que me tirou de cima do muro, e então vi que ele não funcionava", disse ele. "Então pelo que você o substitui quando ele acaba?"

Falamos durante um longo tempo sobre as falhas do socialismo, do comunismo, capitalismo, anarquismo e todos os outros sistemas sociais que a raça humana havia inventado. Nenhum de nós conseguiu encontrar um sistema pelo qual daríamos nossa vida.

Ali estava eu com um cara que acreditava poder mudar o mundo derrubando uma força política dominante. Quando percebeu que não mudaria o mundo ou mesmo os Estados Unidos, ele focou sua energia para mudar a comunidade onde se estabeleceu, muito longe de casa, na Tanzânia. Junto com a sua grande pergunta – Para que "ismo" devemos dar a nossa vida? – estava o porquê de eu ter feito o que fiz com a Heart to Heart. Quais eram meus motivos, o que me fez querer mudar o mundo e qual seria meu "ismo"?

É uma pergunta justa que deveríamos fazer a nós mesmos de tempos em tempos. Por que fazemos o que fazemos? O que nos faz pensar que estamos fazendo a diferença? O que nos faz pensar que *podemos* fazer a diferença? De que vivemos?

O filósofo Huston Smith tratou do problema dos "ismos" que Pete e eu estávamos discutindo. Ele disse que o comunismo e o progressismo, os "ismos" mais dominantes do século 20, deixaram de lado um componente crucial.

"Nenhum dos dois preenche o vazio da composição do ser humano", ele disse. "O progresso se transformou num pesadelo. A campanha contra a ignorância expandiu nosso conhecimento sobre a natureza, mas a ciência não consegue nos dizer para o que devemos dar nossa vida".

Quanto ao comunismo, "Marx se encarregou de seu movimento com uma disposição fervorosa nunca antes vista na história... Os registros marxistas sobre a compaixão não são melhores que seus registros da verdade."[6]

Eu disse a Pete que havia concluído que qualquer ideologia eventualmente será falha. Algumas parecem conter promessas mais contundentes sobre a justiça e a igualdade que outras, mas no final elas todas falharão.

"Todos precisam de um sentimento de propósito em sua vida que transcenda sua rotina diária", eu disse. "Acredito que nosso propósito seja nos dar conforme nossa habilidade para dar e de acordo com a necessidade do nosso vizinho. Essa é a única forma de encontrar sentido em nossa vida na Terra. Não se trata de fazer dinheiro ou adquirir poder. Trata-se de servir aos outros. Estamos aqui para fazer isso. Esse é meu 'ismo'."

Pete pensou sobre aquilo durante um longo tempo e então assentiu. Parecia que havíamos concordado num nível profundo. Diferente dele eu não comecei tentando derrubar a estrutura de poder do governo do país, mas realmente experimentei um tipo diferente de derrubada.

A cultura que me cercava quando jovem era dominada pelo interesse próprio e pelo egoísmo. Enquanto nossa rica cultura enriquecia ainda mais, eu via pessoas sofrendo, tanto nos Estados Unidos como em qualquer outro lugar. Eu simplesmente não ficava satisfeito por fazer mais dinheiro, realizar mais objetivos e acumular mais coisas. Vi que havia uma forma melhor e mais gratificante para viver e que viver para si mesmo é seu próprio tipo de escravidão. Viver para servir aos outros é um tipo de liberação que eu chamaria de revolucionária.

Acredito que seja possível e até mesmo desejável viver para servir aos outros.

Naquela noite na casa de Pete nós falamos a linguagem do coração. Ouvimos e ponderamos as suposições e crenças um do outro. Ele estava mais comprometido a fazer a coisa certa que qualquer outra pessoa que eu havia conhecido.

Eu sabia que havia feito um amigo verdadeiro ao nos despedirmos no aeroporto alguns dias depois. Quando saímos da van e começamos a andar em direção ao terminal, ele pediu que eu ficasse para trás por um momento. Havia algo que ele queria que eu fizesse. Lá vem, pensei, a Grande Pergunta. Ele precisa de dinheiro ou algo do tipo.

Depois de um longo silêncio, Pete colocou as mãos nos meus ombros.

"Você pode me fazer um favor?"

Estou acostumado com pessoas me pedindo favores. Às vezes elas querem conselhos médicos gratuitos. Às vezes querem equipamentos sofisticados para seus hospitais locais ou clínicas, o que é mais difícil de conseguir. Achei que Pete estava querendo conseguir algumas vacinas para as crianças da escola local ou suplementos médicos para a clínica local. Talvez ele estivesse querendo que eu construísse um hospital em seu complexo.

"Farei o que puder", disse a Pete.

"Meu pai está morrendo de câncer em Kansas City e eu não posso visitá-lo por causa da minha situação com a lei", disse Pete. "Quero que você visite ele por mim e conte a ele como estou passando. Você não precisa levar nem dar nada a ele. Apenas vá até ele e faça o que fez comigo. Ria com ele. Há uma piada na nossa família que eu quero que você conte a ele. Durante anos brinquei de ser um campeão de boxe das Luvas Douradas. Você pode inventar algo e continuar a brincadeira?"

Era isso? Visitar seu pai doente? Falar sobre boxe? É tudo o que ele quer que eu faça? Lágrimas escorreram dos meus olhos. Pete nunca mais veria seu pai. Mas eu poderia ir até seu pai e compartilhar algo sobre seu filho, que acabei conhecendo e amando.

"Claro que farei isso. Ficarei honrado", eu disse.

Estiquei minha mão para apertar a dele.

"Não", insistiu Pete. "Somos amigos. Somos irmãos." E com isso ele me deu um grande abraço.

Deixei a Tanzânia pensando na justaposição das duas perguntas de Pete.

Era um homem que havia comprometido sua vida para revolucionar o mundo e havia acabado nos confins da África. Havíamos conversado a noite toda sobre os "ismos" da inteligência humana. Macrossistemas. Grandes Idéias.

Mas não vivemos todos os dias em macrossistemas. Vivemos em microssistemas. Quadro a quadro. Momento a momento.

Como podemos fazer a ponte entre os dois? Como encontramos sentido em nossa vida, nos comprometemos com algo maior, numa vida quadro a quadro? Fazendo coisas pequenas, como visitar o pai doente de um revolucionário fugitivo. Fazendo algo por alguém que não pode fazer por si mesmo. Podemos começar por onde estamos.

Às vezes ficamos paralisados com as necessidades e problemas do mundo e com nossa inadequação para resolvê-los. Mas podemos fazer *algo*, não importa o quão pequeno seja. A Heart to Heart começou com um pequeno projeto. A transformação de Pete começou com algo muito pequeno também.

Eu não podia resolver o problema do desemprego na Tanzânia ou a epidemia de Aids ou qualquer outro grande problema que eles estão enfrentando. Eu não podia impedir que Pete mudasse seu mundo. Mas podia visitar seu pai. O serviço verdadeiro começa com o pensamento pequeno.

Liguei para o pai de Pete quando voltei aos Estados Unidos. Disse que seu filho estava fazendo coisas maravilhosas pelos outros. Contei a ele que Pete era o campeão dos pesos pesados da Tanzânia. Disse que seu filho o amava muito. Ele pareceu feliz em ouvir sobre Pete. Eu perguntei se poderia passar lá para vê-lo, mas ele não estava indo bem o suficiente para receber visitas. Morreu pouco tempo depois.

Às vezes as pessoas não consideram a possibilidade de servir aos outros porque os problemas do mundo parecem muito grandes. O que um pequeno ato de serviço pode fazer para mudar?

Tudo.

Capítulo Seis

Esteja Lá

Não precisamos encontrar a cura do câncer para fazer a diferença no mundo... temos apenas de dividir nossa vida com os outros.

Rabino Harold Kushner[1]

Sempre fui um defensor das linhas que libertam uma pessoa de seu impedimento de ajudar as outras. Tais linhas podem ser barreiras intangíveis, como *status* social ou barreiras físicas, como um oceano. Estou convencido de que uma das razões pela qual certos grupos não recebem cuidados é que simplesmente não pensamos neles. É por isso que, em muitos de nossos vôos, tentamos encontrar pessoas que não são encontradas de maneira óbvia. Então, quando nossos voluntários retornam a casa, eles têm muito mais consciência de quem está nas margens de nossa atenção. Uma vez que as pessoas vêem como é fácil cruzar fronteiras econômicas e culturais nesses vôos, muitos começam imediatamente a fazer o mesmo quando voltam para casa.

Existiam barreiras óbvias a ser cruzadas no abrigo dirigido por Madre Teresa em Calcutá. As pessoas estavam sofrendo naquele lugar, e foram colocados abrigos em lugares onde todos pudessem facilmente encontrá-los.

Mas também há um vilarejo em Calcutá habitado por pessoas com lepra, aquela horrível doença que destrói a carne. Quando descobrimos essa colônia de leprosos e que as pessoas desse lugar estavam abandonadas e com medo, levamos todos os nossos voluntários para o vilarejo, contratamos um grupo de músicos e animadores e demos uma festa para os residentes.

Fizemos a mesma coisa no Vietnã, onde a lepra ainda é um sério problema de saúde. Levamos para a vila vietnamita os melhores grãos que existiam para ser cozidos e fornecemos material escolar para todas as crianças. As pessoas religiosas de nosso grupo rezavam para as pessoas que pediam orações.

Tive essa idéia depois de ouvir o grande pregador e filósofo Tony Campolo falar sobre quando esteve em uma espelunca em Honolulu às 3 da manhã, sem conseguir dormir por causa da diferença de horário da viagem. Enquanto estava sentado no balcão, comendo bolacha e bebendo café ruim, três prostitutas barulhentas entraram.

"Amanhã é meu aniversário", uma delas anunciou. "Vou fazer 39 anos."

Uma das mulheres zombou da amiga e perguntou brincando se ela queria que alguém lhe desse uma festa.

"Por que você precisa ser tão malvada? Eu só estava lhe contando. Só isso. Não quero nada de você. Por que me daria uma festa de aniversário? Nunca tive uma festa de aniversário em toda a minha vida. Por que teria uma agora?"

Aquela conversa fez com que Campolo tivesse uma idéia. Quando as mulheres saíram, ele perguntou ao homem que estava atrás do balcão. "Elas vêm aqui todas as noites?"

"Sim", disse o homem.

"Aquela que sentou ao meu lado, ela vem aqui todas as noites?"

"Sim, aquela é Agnes. Ela vem aqui toda noite. Por que você quer saber?"

"Porque eu a ouvi dizendo que amanhã será seu aniversário", eu disse. "Que você acha de nós dois darmos uma grande festa para ela, bem aqui, amanhã à noite?"

O homem gostou da idéia e chamou sua mulher, que estava na cozinha.

"Venha cá. Esse homem tem uma grande idéia. Amanhã é o aniversário de Agnes. Esse homem quer que nos juntemos a ele para dar uma festa para ela, bem aqui, amanhã à noite!"

A esposa adorou a idéia.

"É maravilhoso", ela disse. "Agnes é aquele tipo de pessoa realmente boa e simpática e nunca ninguém faz nada bom e simpático para ela."

"Estarei aqui amanhã às 2:30 da manhã para decorar o lugar", disse Campolo. "Comprarei até mesmo o bolo de aniversário."

"Nem pensar", disse o homem atrás do balcão. "O bolo é coisa minha. Eu vou fazer o bolo."

Às 2:30 da manhã seguinte Campolo havia voltado ao restaurante. Ele escolhera alguns papéis decorativos em uma loja e fizera um grande cartaz dizendo "Feliz Aniversário, Agnes!". Então ele decorou o lugar de um lado até o outro.

Os proprietários do pequeno restaurante devem ter espalhado a notícia pelas ruas de Honolulu, pois às 3:15 quase todas as prostitutas da cidade estavam presentes no local. Juntos, as prostitutas e Campolo!

Às 3:30 a porta abriu e, quando Agnes entrou com sua amiga, todos gritaram "Feliz Aniversário!".

Campolo disse que nunca havia visto alguém tão espantado, tão surpreso, tão comovido. O queixo dela caiu e suas pernas pareciam tremer, ele contou. A amiga segurou o braço dela com força para segurá-la. Quando foi levada até um dos bancos do balcão, todos cantaram "Parabéns a Você" para ela. Quando eles chegaram à parte que dizia "Parabéns para Agnes...", Campolo disse que ela parecia que ia chorar. Mas quando eles trouxeram o bolo com as velas, ela despencou em lágrimas.

Todos pediram que ela assoprasse as velas, pois ela não parava de olhar para o bolo. Finalmente alguém lhe deu uma faca para cortar o bolo. Ela continuava encarando enquanto o silêncio crescia no lugar.

Ela perguntou se estava certo não comer o bolo imediatamente.

O dono encolheu os ombros.

"Claro que não tem problema!", ele disse. "Se você quiser guardar o bolo, leve-o para casa com você, se preferir."

"Eu moro bem perto daqui", disse Agnes. "Quero levar o bolo para casa e mostrá-lo a minha mãe, tudo bem? Volto num segundo. Prometo!"

Campolo disse que ela desceu do banco, pegou o bolo, carregando-o como se ele fosse o Santo Graal, caminhou lentamente até a porta. Quando a porta fechou, contou ele, houve um silêncio assustador no local.[2]

Quando ouvi Campolo contar essa história, comprometi meu coração para procurar restaurantes onde eu pudesse levar bolos para pessoas que nunca haviam tido uma festa de aniversário sequer.

É por isso que fomos até a clínica de leprosos. Ninguém mais tocaria essas pessoas. E elas estão morrendo porque não conseguem mais sentir o toque! Isso soa como várias pessoas sem lepra, não é verdade? Todo encontram alguém, todos os dias, que normalmente atravessam linhas culturais, que poderiam se beneficiar do simples gesto de "Eu te vejo. Você importa".

Não é sempre possível, tampouco necessário, cruzar grandes barreiras culturais para servir ao outro. Às vezes as pessoas estão bem ao nosso lado e precisam de algo muito pequeno. Às vezes, tudo o que elas precisam é que estejamos presentes com elas – apenas estar lá.

Anne Lammot, em seu livro *Traveling Mercies*, disse: "Quando tudo já foi dito e feito, tudo que você pode fazer é aparecer para alguém em crise, o que parece muito inadequado. Mas quando você o faz, tudo pode mudar radicalmente. O fato de você estar lá, estar visível, pode ser uma doação vital, já que todos os outros podem estar se escondendo. Então você aparece para fazer companhia quando tudo parece ter acabado e sua presença faz com que aquele pequeno momento, aquele pequeno pedaço do mundo esteja bem, ou pelo menos melhor".[3]

Era isso que deu a entender quando visitamos a clínica de leprosos. As pessoas lá se escondem ou foram escondidas do mundo. Mas é fácil enxergá-las se estivermos olhando. Não precisamos curar sua lepra. Nossa presença, o fato de estarmos lá, traz alívio a uma aflição diferente. Nossa companhia por alguns instantes faz com que eles percebam que não são invisíveis. Ser ignorado ou não ser visto é uma doença terrível. Sentir-se não merecedor é outra.

Em seu livro *Father Joe*, Tony Hendra fala sobre ser um jovem mal comportado enquanto luta com seus demônios internos. Ele visitava regularmente um monge em um mosteiro, primeiro como punição, depois por escolha própria. Numa noite desesperadora, Hendra pensava em suicídio, pois ele pensava ter cometido um terrível pecado. No meio da noite ele entrou pela porta do mosteiro à procura do monge, padre Joe. O monge da portaria relutantemente foi atrás do padre Joe, que obviamente devia estar dormindo.

"Ele não fez nada além de escutar", escreveu Hendra. "Ele não tentou me acalmar ou esfriar o calor daquele novo desenvolvimento na insana vida daquela criança insana. Ele não tentou explicar por que eu sentia aquelas coisas ou que o que parecia tão catastrófico era algo comum para alguém da minha idade... Ele não tentou me sacudir nem forçar meu próprio bem com duro amor. Ele não chamou poderes superiores para que intercedessem em meu nome nem me convidou para rezar com ele."

Padre Joe não tentou dar respostas a Hendra nem dizer a ele que tudo ficaria bem.

"Ele encarou minha condição com a mesma seriedade que eu", disse Hendra. "Naquela noite havia apenas um menino desesperado em uma brasa fria e solitária girando por um universo sem sentido que viria correndo pelo condado em um pesadelo real."

Padre Joe encontrou um lugar no monastério para que Hendra pudesse ficar e sentou-se à beira da cama até que o menino pegasse no sono.

"Quanto tempo ele ficou sentado lá? Não tenho a mínima idéia. Dois minutos? Duas horas?", disse Hendra. "A paz desceu como flocos de neve. Meu terror recuou até que eu estivesse longe, ao mar. As hordas negras não podiam mais ser vistas. A doce inconsciência veio e eu dormi."[4]

Padre Joe não fornecera respostas. Não era disso que Hendra precisava. Padre Joe havia fornecido *presença*. Ele sabia que a melhor resposta para essa situação seria apenas estar lá.

Depois que padre Joe morreu, Hendra leu seu obituário e surpreendeu-se com a frase que dizia que padre Joe havia "tocado a vida de tantas pessoas, na Inglaterra e no exterior, em sua própria igreja ou não... é difícil dar o peso real da extensão de sua influência pastoral".

Em sua arrogância egoísta, Hendra supunha que ele havia sido a única pessoa que padre Joe havia ajudado tão profundamente.

"Padre Joe havia feito não apenas algumas ou poucas dezenas, mas centenas de viagens de mudanças de vida", escreveu Hendra. "Era imensamente desarmador e comprometedor ser tratado como se você fosse a única pessoa na vida dele; no entanto, durante o tempo em que você estava lá com ele, você estava. Ele amava aquele que estava com ele: espiritualmente promíscuo, intensamente discreto."

Depois que Hendra expressou sua surpresa sobre padre Joe ter vários desses relacionamentos de "escuta", um dos monges do monastério disse: "Ah, sim... Todo mundo pensava ser o melhor amigo de padre Joe".

"E todos nós estávamos certos", disse Hendra. "Todos nós éramos realmente seus melhores amigos."[5]

O exemplo de padre Joe era o tipo de experiência que eu havia tido quando retornei a Kosovo como civil, cerca de um ano depois de ter servido lá como médico da reserva. Eu estava dirigindo com alguns amigos à noite e perguntaram se eu me importaria de ir com eles para ver uma mulher que estava muito mal. Meus amigos estavam ajudando a mulher e sua família e queriam checar sua saúde enquanto eu estava lá.

Uma série de estradas tortuosas nos levou até uma casa de dois cômodos no final da comunidade. Havia crianças por todo lado. As roupas de algumas delas estavam imundas e rasgadas. O pai saiu e apertou nossa mão. Pude instantaneamente dizer que algo estava errado com ele. A informação que eu tinha é de que o Exército sérvio havia deixado o homem numa sala com gás e seu cérebro estava danificado. O homem estava contente, mas parecia infantil.

Dentro da casa ouvi gemidos e gritos. Segui o barulho e fiquei totalmente paralisado com o que vi. Dois jovens adultos deitados no chão debaixo de cobertores. Um deles, que era deformado e parecia não conseguir ficar sentado, encarou seus visitantes com o olhar de um cavalo assustado, paralisado no lugar, seu cobertor estava muito sujo. O outro, aparentemente agitado por causa das visitas, gemia e gritava para o telhado enquanto batia-se repetidamente contra a parede.

A pessoa com o maior desconforto físico era a mãe desses dois jovens deficientes. Ela era a esposa do homem do cérebro danificado e mãe de algumas das crianças que brincavam na van dos meus amigos, estacionada do lado de fora.

Ela sentou em uma cadeira larga demais para seu corpo minúsculo e pude dizer naquele instante que ela estava morrendo. Por intermédio de um intérprete albanês, perguntei se a mulher estava sofrendo com dores. Sim, ela disse. Sua irmã, em pé, ao lado, contou-me que ela havia tido câncer de mama. Chequei seus sinais vitais e escutei seus pulmões. Eles estavam cheios de fluido, e ela estava conseguindo respirar muito pouco ar. Seu pulso e pressão sanguínea estavam muito fracos. Ela tinha mais do que câncer de mama.

Conversei com ela sobre seus filhos. Os dois no quarto ao lado haviam nascido com sérias deficiências físicas e mentais, contoume. As crianças que brincavam lá fora estavam bem fisicamente, mas tinham tanta energia que a estavam deixando louca.

Depois de dar a ela alguns remédios para aliviar a dor, perguntei-lhe se sabia o quanto estava doente. Ela sabia. Ela tinha consciência de sua condição e tinha muito medo.

"Medo de quê?", perguntei.

"Medo do que vai acontecer com meus filhos quando eu morrer", ela disse. A irmã assegurou que eles seriam cuidados.

Depois que suas dores se acalmaram um pouco, perguntei se poderia fazer mais alguma coisa por ela. Pelo fato de estarmos nos comunicando por meio de um intérprete, eu não tive certeza de ter entendido sua resposta. Ela apontou para a porta aberta e disse: "Eu quero ir lá fora". Ou talvez ela estivesse apontando para o céu e tivesse dito: "Eu quero ir embora".

Em todo caso, meu amigo e eu carregamos a mulher para fora da casa. Ela olhou para o céu da noite, negro e cheio de estrelas. Eu sabia que, como médico, não havia mais nada a fazer por ela. Mas como ser humano, um companheiro habitante de outro lugar do planeta, eu poderia ficar ao lado dela por alguns instantes. Falamos mais um pouco sobre a viagem que ela faria.

"Eu quero ir para o céu", ela disse.

"Eu verei você por lá", disse a ela. As crianças que brincavam pararam por um instante e os cachorros pararam de latir. O único som era o de um dos filhos batendo nas paredes do lado de dentro e um mugido ocasional da vaca da família amarrada perto dali. A mulher e eu nos sentamos lado a lado. Sua dor se acalmara um pouco e eu lhe disse adeus. Ela morreu poucas horas depois.

Às vezes, a maior coisa que podemos dividir com outro ser humano é nosso "espaço". A verdadeira hospitalidade, escreve Henri Nowen, não é apenas deixar que alguém entre em nossa casa.

"É possível", escreve Nowen, "para homens e mulheres... oferecer e abrir nosso espaço de hospitalidade onde estranhos podem jogar sua estranheza fora e tornar-se nossos companheiros."[6]

Hospitalidade não é apenas abrir espaço físico. Também é abrir espaço pessoal. Além de "arrumar o quarto" ou "limpar" um espaço de nossa casa para alguém, a verdadeira hospitalidade abre espaço em nossa vida também.

Lauren Winner, em seu livro *Mudhouse Sabbath*, fala de sua resistência em receber pessoas em seu apartamento a menos que ele esteja limpo e organizado. Dadas suas habilidades no cuidado da casa e o quão impecável era seu apartamento, aquilo significava que as pessoas não eram convidadas a entrar. Então ela percebeu que não pensava na hospitalidade como um "lugar para partilhar", mas como um "lugar para exibir". Ela queria que todos vissem como sua casa era perfeita.

"Se eu convidar alguém para tomar um chá", ela escreveu, "pode ser bom esvaziar o lixo da cozinha e não deixar roupas espalhadas pelo chão do banheiro. Mas para ser anfitriã vou ter de me render às minhas noções de perfeição em serviços domésticos. Terei de deixar de lado meu orgulho e convidar as pessoas mesmo que eu não tenha tirado o pó. Isso é duro.

Ela então ampliou o conceito para incluir nele sua vida, não apenas seu apartamento. Antes, quando ela "convidava alguém para dentro" de sua vida, ela tinha de estar perfeita e organizada. O que, é claro, nunca esteve.

"Do mesmo jeito que eu queria mostrar meu apartamento confortável digno de aparecer nas páginas do *Southern Living*, queria mostrar uma Lauren que era perfeita e serena", ela disse.

Ter visitantes ou hóspedes dentro de um apartamento ou dentro da vida de alguém, "se fizermos certo, não será uma imposição, pois não precisamos reorganizar nossa vida para nossos convidados – devemos convidar nossos hóspedes para dentro de nossa vida exatamente do jeito que ela está", ela disse.

Como a maioria de nossas casas e apartamentos, nossa vida interior nunca estará "pronta" ou perfeita para que alguém mais entre e compartilhe. Mas é aí que vivemos.

"Preciso ser capaz de arriscar fazer mais convites ocasionais", ela escreve.[7]

Não estou falando necessariamente sobre dar festas. Apenas falo sobre estar com alguém que está cansado de ficar sozinho. Isso faz parte de servir aos outros. Como Lauren Winner escreve, é preciso um tipo diferente de pensamento, mas uma vez que tal mudança interna ocorra, torna-se mais fácil do que pensamos. Criar espaço para os outros não significa que antes disso precisemos ter tudo perfeito. Apenas devemos estar abertos para ver os outros e o que temos para oferecer-lhes, sob uma luz diferente.

A hospitalidade é uma forma de enxergar nosso ser humano companheiro, e ela pode ser expressa de diversas formas. A melhor forma de expressá-la, na minha opinião, é estar com a pessoa que precisa. Ela pode não estar precisando de nada além do espaço que você pode abrir em sua vida para ela.

As pessoas do vilarejo de leprosos em Calcutá realmente não "precisavam" de um concerto. Mas elas com certeza precisavam de alguém que dissesse: "Sim, eu percebo você". As crianças leprosas do vilarejo no Vietnã, na verdade, não "precisavam" do material escolar que demos a elas. Elas precisavam ser notadas. A mulher em Kosovo ficou um pouco mais confortável com os remédios que dei a ela, mas o que ela precisava era da segurança de que alguém tomaria conta dos seus filhos, assim como alguém que a levasse para ver sua última noite na Terra e falar com ela sobre o céu. Isso é criar espaço.

"Hospitalidade significa primeiramente a criação de um espaço livre onde estranhos possam entrar e se tornar amigos ao invés de inimigos", escreveu Nouwen.[8]

No filme *Hotel Ruanda,* o personagem principal, Paul Rusesabagina, representado por Don Cheadle, é um gerente de hotel em um tempo em que uma rebelião ferve e membros da rebelde tribo dos hútu estão assassinando os membros da tribo tútsi. Muita indignação e fúria são geradas por causa das vidas desperdiçadas por corrupção política e covardia, mas o momento de redenção do filme ocorre quando o gerente, cujo hotel já está lotado de refugiados em busca de segurança, continua encontrando mais espaço para quem não tem aonde ir.

Mais de um milhão de pessoas foram massacradas em Ruanda durante três meses. Rusesabagina foi capaz de salvar sua própria família e mil outras. Ele não era político nem soldado. Na verdade, ele era um membro da tribo hútu, e as pessoas que procuravam refúgio em seu hotel eram da tribo tútsi, ou "baratas", como eram chamados pela milícia. Ele era meramente um homem que pôde abrir espaço. Ele era a encarnação da hospitalidade. O que ele fez foi *estar lá* para as pessoas que estavam com medo.

O jeito como o filme termina ilustra sua filosofia. Ele e sua mulher haviam acabado de encontrar suas sobrinhas num campo de refugiados e estavam indo para o ônibus que os levaria para um lugar seguro. Eles ficaram sabendo que haveria espaço apenas para sua família, imediatamente.

"Você acha que haverá espaço para todos nós?", um voluntário de auxílio perguntou.

"Sempre há espaço", ele disse.[9]

Ele sabia do que estava falando. Ele esteve abrindo espaço por todo aquele tempo. A frase sob o título do filme era: "Quando o mundo fechou seus olhos, ele abriu seus braços". Isso é algo pelo que todos nós poderíamos ficar conhecidos, você não acha?

Madre Teresa era um freira nascida no exterior que aos 30 anos de idade liderava uma escola feminina em Calcutá. Mas ao passear pela cidade ela não conseguia parar de se chocar com a visão das pessoas abandonadas para morrer nas ruas.

"Sob o impacto daquelas visões ela sentiu um chamado para uma nova forma de vocação", escreveu o psicólogo James Fowler. "Uma ministra de presença, serviço e cuidados com os abandonados, esquecidos, desesperançados."

Em um mundo que apenas dá atenção a quem pode "contribuir" para a sociedade, Fowler pergunta: "O que poderia ser menos relevante que carregar esses moribundos para lugares de cuidados, dar-lhes banho, prestar atenção a suas necessidades, alimentá-los enquanto podem receber alimento e afirmar com afinco que eles são amados e valorizados por pessoas de Deus?".

"Mas num mundo que diz que as pessoas só têm valor se souberem cuidar de si mesmas e contribuir com algo válido, o que pode ser *mais* relevante?"[10]

Madre Teresa não criou um movimento ou uma corporação ou uma ação política. Ela viu alguém e criou espaço.

Um dos exemplos mais dramáticos de alguém "estando lá" veio no Natal de 1995, na cidade de Lawrence, Massachusetts. Apenas duas semanas antes, a fábrica têxtil local, Malden Mills, pegou fogo. Os 3 mil empregados da fábrica enfrentaram a perspectiva de ficar sem emprego durante as festividades. Além disso, todos supuseram que o dono aproveitaria essa situação para mudar a operação toda de cidade, provavelmente para outro país com mão-de-obra barata. A cidade teve medo de perder sua maior força econômica.

Mas um dia depois do fogo, o proprietário, Aaron Feuerstein, neto do fundador da empresa, anunciou que todos os empregados continuariam a receber seus salários, mesmo não tendo lugar algum para trabalhar, e que ele reconstruiria a fábrica naquele mesmo local.

Registros de noticiários publicaram o que ele disse: "Seria inconcebível deixar 3 mil pessoas na rua e largar um sopro de morte na cidade de Lawrence. Talvez, no papel, minha empresa valha menos para Wall Street, mas eu posso lhe dizer que ela vale muito mais".

O rabino Harold Kushner, em seu livro *Living a Life That*

Matters [Vivendo uma Vida Importante], disse que atos como esse ocorrem quando vemos as pessoas e as situações de um ponto de vista diferente do nosso.

"A voz que impulsionou Aaron Feuerstein a reconstruir a Malden Mills, a voz que nos impulsiona a doar nosso tempo num abrigo de sem-teto, a voz que nos motiva a ver as necessidades de nossa família acima das nossas próprias, é a voz de Deus", ele disse.

Quando fazemos algo pelos outros, estamos aprendendo a "ver o mundo do ponto de vista de Deus".[11]

Feuerstein decidiu que "estaria lá" para seus empregados e para sua comunidade. Poderia ter sido mais fácil mudar as operações de lugar. E com certeza teria sido mais barato. Ele permaneceu na cidade.

Às vezes nos sentimos impossibilitados de ajudar os outros porque parece que não podemos *fazer* nada. Todos nós ouvimos alguém dizer: "Não apenas fique parado, de braços cruzados, *faça* alguma coisa".

Isso não é sempre o que as pessoas precisam. Elas normalmente precisam de alguém que crie espaço para elas.

Em outras palavras, "Não apenas faça alguma coisa, *fique* lá!".

Capítulo Sete

Perder para Ganhar

Sabíamos que não teríamos nada a perder, a não ser nossa ridícula vida vazia.
Viktor Frankl[1]

Tom e Dana Larson estavam acostumados a ganhar. Tom era um publicitário de Denver, que produzia campanhas de anúncio bem-sucedidas para McDonald's, Safeway e para o Aeroporto Internacional de Denver. Ele ganhara a atenção do mundo da publicidade com sua campanha para o Museu de Arte de Denver "Pessoas Normais como Nós, Também". Por seu sucesso ele ganhara o prêmio Denver Advertising Federation's Best Show.

Dana Larson, esposa de Tom, conduzia equipes de recrutamento para companhias de contabilidade e tecnologia na região de Denver. Ela havia se estabelecido como uma habilidosa e intuitiva caçadora de talentos. Dana conseguia os empregados que queria e os negócios que queria.

O problema é que os Larson eram infelizes. Mesmo a emoção que Tom teve ao ganhar seu prêmio foi efêmera.

"Fui até o escritório na segunda-feira seguinte", disse Tom, "e lá estávamos nós discutindo sobre as contas da empresa, como fazíamos todas as segundas-feiras. Nada havia mudado, e percebi que nada mudaria nunca."

Então ele se demitiu.

Passou a escrever anúncios como *free-lancer* para pagar as contas. Escreveu um romance. Dana continuou como caçadora de talentos. Mas eles ainda sentiam que algo lhes faltava na vida.

Na igreja, certo final de semana, os Larson acharam ter encontrado a resposta. O pastor lhes contara sobre seu desejo de mandar alguém durante um ano para trabalhar em sua igreja na República Dominicana. Essa era a resposta para o desconforto que sentiam, pensaram Tom e Dana. Eles se ofereceram e foram aceitos.

Dana largou o emprego.

Mudaram-se para a República Dominicana. O espanhol dos dois era fraco, as condições de vida eram duras, eles ficaram doentes na maior parte do tempo e a igreja a que eles estavam servindo era moralista e julgadora. Eles estavam miseráveis.

"Por mais patético que isso pareça, eu e Dana costumávamos ir até Santo Domingo para nos sentar no restaurante Wendy's e ver as pessoas embarcando nos aviões para os Estados Unidos", disse Tom, balançando a cabeça de vergonha. "Mal podíamos esperar para sair de lá."

Eles voltaram para os Estados Unidos um ano depois sem saber por que tinham ido até a República Dominicana afinal de contas. Dois meses depois do retorno, o furacão Georges varreu o sul do Caribe e devastou a área onde os Larson haviam vivido.

"Assisti às notícias e liguei para os dominicanos que eu conhecia", disse Tom, com emoção crescente na voz. "Eu tinha esse sentimento inquietante de querer ajudá-los. Não sei o porquê, mas senti que eles faziam parte da minha família."

Sua igreja em Denver ajudou a financiar as necessidades imediatas, incluindo abrigo para alguns residentes. Mas Tom acreditava que poderia fazer mais porque ele havia estado lá. Ele apenas não sabia o quê.

Um cientista local havia conversado com Tom certo dia depois da missa e contou-lhe que estava trabalhando num projeto para montar um purificador de água barato. O cientista queria saber se as pessoas na República Dominicana poderiam precisar do aparelho. O sistema incluía cloro, filtro de carbono, osmose revertida e luz UV, e podia ser usado no fornecimento de água existente na comunidade.

"Eu já havia notado a necessidade de água pura mesmo antes do furacão, mas nunca pensara sobre isso", disse Tom. "Vamos lá, o que eu poderia ter feito? Eu era um major inglês!"

Então Tom e seu amigo levaram o sistema para a República

Dominicana e o instalaram na igreja onde os Larson haviam trabalhado no ano anterior. Eles testaram o equipamento por diversas vezes e não encontraram contaminação alguma. Quando as pessoas ficaram sabendo que havia água pura na igreja, todas correram para lá. Logo a igreja distribuía milhares de galões, todos os dias.

Essa igreja tinha uma reputação tão ruim no passado que motoristas passavam durante as missas buzinando e gritando insultos. A gritaria parou quando a água limpa chegou.

"A resposta da comunidade foi incrível", disse Tom. "Eles costumavam xingar a igreja por ser julgadora e elitista. Aquilo mudou tudo. Além disso, a própria igreja pôde olhar para outras direções."

Tom pensava. Anos de negligência haviam tornado o sistema de água municipal inseguro na República Dominicana. Nas cidades e comunidades maiores há uma infra-estrutura subterrânea para distribuir água, mas os canos que conduzem a água estão defeituosos e porosos. Isso combinado com esgoto inadequado expõe a água à contaminação do solo. Os poços artesianos dos bairros afastados são ainda piores. O furacão Georges havia danificado mais ainda os sistemas subterrâneos.

Organizações de saúde internacionais dizem que água potável contaminada é a fonte principal de muitas doenças que têm causado mortes em áreas infectadas. A maioria das pessoas lá possui algum parasita intestinal. Mesmo quando os parasitas não causam a morte, eles causam outros problemas de saúde a longo prazo. Um médico disse: "Se tratássemos todas as pessoas que têm parasitas intestinais amanhã, no dia seguinte elas estariam doentes de novo".

Tom conversou com as pessoas da igreja dominicana para que ajudassem a instalar o sistema se conseguissem suporte financeiro. Então Tom voltou para sua igreja em Denver e contou sua idéia aos idosos. Logo ele iniciou uma organização internacional chamada Healing Waters International.

Tom e Dana venderam sua casa no elegante Evergreen, no Colorado, e mudaram-se para um lugar menor em Golden, enquanto tentavam desenvolver a organização e coletar fundos. Logo conseguiram suporte financeiro, a maior parte vinda de indivíduos. Eles contrataram dominicanos e americanos que também lutavam para encontrar seu lugar no mundo. Tom trabalhou para desenvolver um sistema de baixa manutenção e para angariar fundos. Dana se concentrou na logística, nas finanças e na incorporação do grupo como uma organização não-lucrativa.

Em alguns meses a Healing Waters estava instalando sistemas de purificação de água nas igrejas dominicanas na proporção de um por mês.

"Aquilo teve o efeito de construir pontes entre as igrejas e as comunidades", disse Tom. "Eu via aquilo como um agente de cura, tanto física como social."

A maioria dos locais agora tem um fluxo constante de pessoas nos centros de distribuição das igrejas. As pessoas chegam com os recipientes que conseguem encontrar. As igrejas cobram uma fração do que as lojas normais cobram. Apenas uma igreja forneceu mais de 60 mil galões de água limpa em um dos seus primeiros meses de operação.

Uma moradora de uma das vilas onde existe a Healing Waters disse que praticamente todos em sua vila pegam água na igreja.

"Nunca tivemos água pura antes", ela disse. "Nossas crianças ficavam doentes o tempo todo. Elas bebem essa água e não ficam mais doentes."

Para Tom, os esforços da Healing Waters são a conseqüência da sua frustração profissional e do ano que ele e Dana passaram na República Dominicana como voluntários da igreja.

"Estamos no meio de algo que é tão maior do que nós", ele disse. Ele listou as antigas profissões de sua equipe para completar o que dizia. "Apenas olhe para nós. Um publicitário, um consultor de informática, um alfaiate, um garçom e um vendedor de carros usados. O que estamos fazendo? Que negócio é esse que estamos tentando conseguir?"

A Healing Waters foi expandida até o México, Guatemala e em outras partes da América Latina. Eles planejam instalar sistemas de purificação na África assim que possível.

"O meu sonho é que qualquer pessoa pobre seja capaz de ir até a igreja de qualquer vilarejo em qualquer continente para conseguir água pura e que possa pagar por ela", disse Tom.

Lembre-se de que a Healing Waters apareceu de um desejo de ter uma vida mais significativa e que tal desejo resultou numa aparente falha. Quando Tom e Dana pensavam que tinham a resposta, as coisas não funcionaram. Em seus primeiros dias na República Dominicana, eles estavam espiritualmente no lugar que Robert Pirsig descreve em seu livro *Zen and the Art of Motorcycle Maintenance* [*Zen e a Arte da Manutenção de Motocicletas*]: "Este é o momento zero da consciência", ele escreve. "Parado. Sem resposta. Incapacitado. É uma experiência miserável emocionalmente. Você está perdendo tempo. Você é incompetente. Você não sabe o que está fazendo. Você deveria ter vergonha de si mesmo."[2]

Eles sentiram que tentaram e perderam.

Servir aos outros nem sempre termina numa grande história de sucesso. A Healing Waters pode não crescer mais do que cresceu. Pode não sobreviver aos próximos cinco anos. Mas os Larson tentaram algo mesmo que tudo estivesse contra eles. Seus esforços pareciam em vão, às vezes. Mas eles não estavam procurando resultados, estavam respondendo a uma necessidade interna de servir aos outros. Quando as coisas pareciam ruins, eles serviam de qualquer forma.

Alguns anos atrás candidatei-me ao Congresso dos Estados Unidos. O clima parecia certo para uma voz moderada, e eu acreditava ter algo com que contribuir para o diálogo em Washington, baseado no fato de ter criado meu próprio negócio e minha agência não-governamental de sucesso. Procurei por políticas de diferentes tipos de serviço e formas de servir mais pessoas. Meus conselheiros foram ao trabalho e minha equipe de campanha formou-se rapidamente.

Provavelmente fui ingênuo em pensar que poderia realizar uma campanha baseada no assunto e nas minhas experiências. Eu não sabia que para ganhar uma corrida dessas deveria endiabrar meu oponente e ser endiabrado por eles. Nem sequer cheguei às prévias.

Fiquei desapontado porque perdi, mas não me arrependo de ter concorrido. Valeu a pena o esforço e os gastos porque aprendi muito. O que eu teria ganhado por *não* tentar?

Aprendi que a democracia vale o esforço. Tentar ser ouvido, defender aquilo em que você acredita vale o esforço, não importa o resultado. Um grande filósofo e jogador de hóquei, Wayne Gretzky disse: "Cem por cento dos lances que você *não* faz não marcam pontos!".

Democracia é sobre participação, não é sobre ganhar ou perder. Mesmo que eu tenha encontrado pessoas enganadoras e que pensavam apenas no seu próprio bem durante minha curta carreira política, conheci muitas pessoas boas com boas intenções. Meu trabalho com a Heart to Heart me mostrou que há muitas pessoas no governo que estão dispostas a servir aos outros de verdade.

A vida não é medida por vitórias ou derrotas. É medida por tentativas e jornadas. Thomas Edison tentou por um longo tempo inventar uma lâmpada que funcionasse. Ele levou anos e houve muitas tentativas falhas. Mas ele não via as tentativas falhas como falhas. "Eu não falhei", ele dizia. "Apenas encontrei 10 mil formas que não funcionaram!"[3] A invenção da lâmpada foi um processo que envolveu muitos passos.

Isso serve para tudo que tentamos fazer, especialmente servir aos outros. Na Heart to Heart nós tentamos as mais variadas formas de programa. Nem todos funcionaram, mas não os vejo como falhas. Eles valeram o esforço e os gastos porque ajudaram a clarear o que fazemos bem e o que não fazemos.

A Heart to Heart liga os voluntários com as pessoas que precisam deles, tanto no local como no exterior, principalmente pela distribuição de remédios e recursos médicos. É isso que fazemos de melhor. E precisamos de alguns esforços sem sucesso para perceber isso.

Robert Kennedy disse: "Somente aqueles que ousam falhar com grandeza podem atingir com grandeza".[4] Concorrer ao Congresso foi um grande risco para mim, pessoal e financeiramente. Fiz o que achei que deveria ter feito, não importavam os resultados. Eu me coloquei numa viagem pela qual sou grato.

E para colocar um ponto de exclamação na minha aposta sem sucesso ao Congresso, logo depois das prévias fui requisitado pela reserva e, em poucas semanas, eu estava em um hospital em Kosovo, onde acabei conhecendo a família Shabiu. Tive certeza de que eu ficava muito mehor em casa trabalhando com a medicina para aliviar o sofrimento.

O cineasta Woody Allen disse: "Se você não cair algumas vezes, significa que você não está fazendo nada de inovador".[5]

O sucesso está na tentativa e não nos resultados. Quando servimos aos outros devemos ultrapassar as rotinas para ver o que acontece. Devemos estar disponíveis para "falhar" de vez em quando.

Resultados não esperados podem levar a um senso de propósito mais claro. Isso aconteceu com o primeiro vôo que fizemos para a China. Tínhamos os remédios para encher um avião de carga. Mas não conseguíamos um avião de carga. Todos os nossos preciosos esforços em chegar a regiões remotas tinham sido em vão. Falhamos em entregar os remédios. Mas a falha sugeriu uma nova idéia. E se levássemos uma *equipe* médica para a China em vez de recursos médicos?

Juntamo-nos com algumas associações médicas para realizar educação médica na China. Treinamos médicos chineses em modernos procedimentos cirúrgicos em oftalmologia e eles nos treinaram em sua medicina tradicional. Retornamos no ano seguinte e fizemos treinamento em ressuscitação pré-natal. Mais de 40 mil vidas foram tocadas, porque os médicos chineses usaram os métodos que lhes ensinamos.

Esses não eram bebês cuja vida foi *salva*. Esses bebês nasceram com desafios que tornariam impossível sua convivência com a família. Eles eram destinados a viver em instituições por causa de paralisia cerebral e outras deficiências físicas severas. Todos os remédios que poderíamos ter carregado num avião não teriam salvo 40 mil vidas. Tivemos de ajustar nossos métodos de servir aos outros porque nosso plano inicial não funcionou – mas por causa dessa "falha" algo melhor aconteceu.

Agora temos aviões da FedEx indo para a China com nossos remédios e ainda estamos mandando equipes médicas. Nosso treinamento em emergência médica foi tão bem que os hospitais chineses decidiram adotá-lo por ocasião das Olimpíadas de Pequim.

Falha é o que você decide que é. Às vezes ela é um trampolim para algo melhor. Perdas nem sempre se tornam vitórias. Mas elas fazem parte do esforço, parte da jornada. Pergunte ao time de beisebol Red Sox de Boston e seus fãs. Eles esperaram de 1918 a 2004 para ganhar de seu maior rival, o Yankees de Nova York, e seguiram para ganhar a Série Mundial. Temos aqui um monte de perdas!

Howard Cutler, em seu livro com o Dalai Lama *A Arte da Felicidade*, contou sobre Joseph, um de seus clientes que acabara de se tornar milionário, durante a febre das construções no Arizona. Naquela época, nos anos 1980, ocorreu a maior queda imobiliária da história do Arizona. O cliente, Joseph, perdeu tudo e decretou falência. Isso pressionou seu casamento, e depois de vinte e cinco anos de casado Joseph divorciou-se. Ele começou a beber compulsivamente, mas conseguiu ajuda com os Alcoólicos Anônimos. Parte do tratamento constava que ele deveria acompanhar outros viciados para que continuassem sóbrios.

Joseph percebeu que gostava de ajudar os outros. Ele começou a usar seu conhecimento nos negócios para ajudar outras pessoas que estavam lutando com suas finanças. Joseph contou a Cutler que, apesar do fato de ter sido um homem rico que passou a viver modestamente, "Eu não quero aquele tipo de dinheiro outra vez. Eu prefiro gastar meu tempo sendo voluntário em diferentes grupos, trabalhando diretamente com as pessoas e as ajudando da melhor maneira que posso. Fazendo isso, num só dia consigo me sentir muito melhor do que durante um mês inteiro enquanto eu estava fazendo muito dinheiro. Estou mais feliz do que jamais estive na minha vida".[6]

Charles Colson é um dos melhores exemplos de alguém que teve de mudar sua maneira de olhar para falhas e sucessos. Sua participação no escândalo de Watergate o mandou para a cadeia e trouxe a renúncia de seu chefe, o presidente Richard Nixon. Durante um programa de televisão que falava do Watergate, o veterano jornalista Mike Wallace disse a Colson: "Chuck, como você vê o Watergate?".

Colson disse que sua resposta fez com que Wallace coçasse a cabeça por um tempo.

"Mike, agradeço a Deus por Watergate", disse Colson.

Wallace olhou para Colson com uma expressão de espanto.

"Com o Watergate aprendi uma das maiores lições da minha vida", Colson continuou. "O ensinamento de Jesus é verdadeiro quando ele diz 'Aquele que procura salvar sua vida a perderá. Aquele que perde sua vida, em meu nome a ganhará'."

A busca de Colson por sentido e significado em sua vida começara na infância, durante a Depressão, quando ele viu pessoas esperando numa fila por pão. "A coisa mais importante seria eu poder um dia entrar na faculdade", ele pensava. Ninguém em sua família havia freqüentado uma universidade. "Eu tinha aquele sentimento de querer segurança e querer encontrar sentido, meu propósito na vida, queria ter uma boa educação e um bom emprego", ele disse.

Ele freqüentou a Brown University com uma bolsa de estudos e depois de se formar entrou para o Corpo da Marinha dos Estados Unidos na Guerra da Coréia. Quando vestiu seu uniforme ele lembrou de ter pensado "Este é meu significado. Minha segurança como oficial da Marinha".

Depois da guerra ele foi para a faculdade de direito e lembrou-se de ter pensado: "Encontrarei meu sentido, meu propósito e minha segurança como advogado". Colson abriu uma firma de advocacia que logo cresceu e fez com que ele tivesse muito sucesso. Ele entrou para a política e tornou-se o mais jovem assistente administrativo do Senado americano. Ele confirmou para si mesmo: "Encontrarei meu sentido e propósito na política". Com 39 anos ele era conselheiro especial do presidente dos Estados Unidos, com um escritório ao lado da sala do presidente.

Quando Nixon foi reeleito, em 1972, Colson disse que estava na hora de voltar para a prática privada. "Eu achava que estava um pouco exausto", ele disse. "Eu tinha um comunicador que disparava o tempo todo, um telefone ao lado da cama, o presidente ligando a toda hora de crise, noite e dia. Decidi que era isso que me deixava tão cansado e vazio por dentro."

Enquanto estava na prisão por causa de seu envolvimento no escândalo de Watergate, Colson teve um despertar espiritual que permitiu que ele se identificasse com o escritor russo Alexander Solzhenitsyn, que escrevia de um *gulag* soviético: "Abençoada prisão. Abençoada seja por estar em minha vida. Pois, deitado na palha da prisão, percebi que o objetivo da vida não é a prosperidade como somos fadados a acreditar, mas o amadurecimento da alma".

"O amadurecimento da alma é o objetivo da vida", disse Colson.[7]

A forma pela qual a alma de Colson amadureceu foi começando a servir aos outros. Sua organização Sociedade dos Prisioneiros mudou a vida de milhares de prisioneiros e contribui para reformas significativas em prisões em todo o mundo.

Seu antigo sucesso não é o sucesso que Colson aponta agora. Sua educação, sua posição militar, *status* e acesso ao poder não eram o que trazia sentido para ele. Foi uma falha que se tornou significativa quando ele começou a servir aos outros em vez de a si próprio.

Tom e Dana Larson, o cliente de Howard Cutler, Joseph, Charles Colson e eu temos algo em comum. Todos nós tentamos algo que saiu de forma diferente do que pensávamos. Algumas pessoas diriam que nós falhamos.

Mas falhamos? Quando a perda se torna algo que aponta para servir aos outros, essa é uma jornada da qual devemos nos orgulhar.

Em *A Arte da Felicidade*, os autores escrevem que comportamentos como ajudar os outros podem realmente nos mudar de fora para dentro.

"Apenas seguir o fluxo e engajar-se repetidamente em comportamentos positivos pode finalmente trazer mudanças internas genuínas", eles escrevem. Isso tem implicações significativas para a forma como vemos a falha.

"Se começarmos com o simples fato de ajudar o outro, por exemplo, mesmo que não nos sintamos particularmente bons ou carinhosos, podemos descobrir que uma transformação interna está ocorrendo enquanto muito gradualmente desenvolvemos o sentimento de compaixão", eles escrevem.[8]

Perder nossas expectativas por um resultado específico, então, não é uma perda de forma alguma. Servir aos outros não terá resultados previsíveis. Encontraremos nosso sentido em lugares inesperados. Tom e Dana Larson inicialmente "falharam" na República Dominicana.

Mas os dominicanos ganham toda vez que precisam de um copo de água pura.

Capítulo Oito

Ame de Qualquer Jeito

Ame seus inimigos.
Jesus de Nazaré[1]

Assistindo às notícias sobre a guerra americana no Iraque, fiquei resignado com o fato de que receberia a ligação inevitável, como durante a guerra em Kosovo. Ela veio em janeiro de 2004: "Senhor, recebemos ordens a seu respeito e você será enviado ao Iraque".

Por estar esperando a ligação, eu havia feito reuniões com a Heart to Heart e também com o Docs Who Care, um grupo médico que providencia médicos ambulatoriais para pequenas comunidades desprovidas. Mesmo sabendo que a ordem estava chegando, as duas semanas que tive depois do aviso certamente me ajudaram a colocar as coisas em ordem!

A pré-mobilização ocorreu no Fort Bliss, no Texas, e incluiu vacinação contra antrax e varíola, prática com armas, resumos, proficiência em equipamentos (incluindo máscara de gás e roupa com proteção contra substâncias químicas), um novo cartão de identificação com amostras de DNA e milhares de documentos.

Com emoções mistas, viajei ao Iraque. Quando fui enviado ao Kosovo, bombardeios da Otan haviam causado uma pausa nas hostilidades entre albaneses e sérvios. As coisas permaneciam tensas, mas a guerra não tinha estourado como agora no Iraque. Derramei muitas lágrimas e disse adeus à minha mulher e filhos, à minha família e à meus amigos, a minha igreja e às pessoas ótimas com quem trabalho. Mas enquanto meu coração estava pesado, também estava cheio de amor e vida, paz e propósito. Para ser honesto, me senti empolgado e entusiasmado. Na noite antes de partir do Fort

Bliss, fui até uma cidade vizinha e ouvi sinos de igreja tocando. Era uma pequena igreja católica. Entrei e sentei na fileira dos fundos. O texto era Coríntios, 1-13, o bastante conhecido capítulo sobre o amor. Ele acaba com estas palavras: "Temos três coisas para fazer: Confiar firmemente em Deus, ter esperança firme e amar com extravagância. E o melhor dos três é o amor". Essa seria minha missão no Iraque.

Não importava para que eu estava sendo chamado a ir para lá, mas eu queria amar cada pessoa que conhecesse, fosse ela um soldado americano ferido, fosse um prisioneiro iraquiano, fosse um civil inocente. O que quer que pensemos sobre essa guerra, podemos concordar que tudo que fosse feito naquele conflito deveria fluir de um coração amoroso.

Minha experiência na igreja permitiu que eu tivesse um profundo sentimento de paz conforme seguia em frente e me lembrava de amar todas as pessoas, todo o tempo.

Um capelão conduziu uma cerimônia de comunhão para vários de nós em um canto, antes de entrarmos no avião. Chegamos ao Kuait cerca de vinte e quatro horas depois, e na manhã seguinte eu estava em um vôo para Bagdá. A Heart to Heart conseguiu mandar milhares de dólares em antibióticos doados para as clínicas locais.

Minha tarefa era ser médico de campo de um batalhão perto da fronteira com o Irã, dirigindo uma equipe médica que incluía um assistente e cinco médicos. Minha obrigação normal era cuidar dos soldados nas tendas médicas, fornecer supervisão, treinar os médicos e visitar dois campos para cuidar de prisioneiros. Nenhuma das obrigações era rotina. Trabalhamos sete dias por semana em turnos de doze a quinze horas por dia. Para ajudar a distinguir uns dos outros, os dias se diferenciavam pelas coisas únicas que neles eram realizadas – lavanderia, capela, e assim por diante.

Ocupávamo-nos com os soldados feridos em batalha ou em ataques e em outros embates violentos. Muitos morreram. Nosso campo era fortificado e protegido e nunca fomos atacados. Dormíamos bem. Os campos próximos ao nosso foram atacados com resultados devastadores.

Ocasionalmente eu fornecia reforço médico para alguma missão dos soldados. Uma dessas missões foi uma surpresa no meio da noite; um grupo de tanques, pelotão de morteiros e soldados de ataque foram para uma vila suspeita por estar mantendo os homens que haviam atacado uma base militar perto dali. Quando chegamos perto da vila, apagamos as luzes e usamos os visores noturnos para nos mover. Seguindo um plano detalhado, cada equipe de soldados sabia qual casa vasculhar. Isso foi feito rápida, silenciosa e suavemente.

Em duas horas a varredura havia sido completada, e os soldados encontraram dois homens escondidos com um enorme esconderijo de armas. Não houve mais ataques às nossas bases naquela área.

Um dos detidos iraquianos desenvolvera uma infecção abdominal severa, que tentamos tratar no hospital de campo. Mas ele estava num estado pior do que podíamos tratar, então requisitamos transporte para levá-lo ao hospital militar de Bagdá. Em tempo de guerra não há transporte de rotina. Na estrada, qualquer coisa é um alvo em potencial, e esse tipo de transporte significava mobilizar um comboio escoltado por dezenas de soldados. Sem o comboio, esse homem morreria. O comboio foi imediatamente aprovado.

No entanto, no dia em que deveríamos partir, a missão foi cancelada. O comboio que se dirigia ao nosso acampamento na noite anterior havia sido atingido por uma bomba, então esperamos até que uma unidade de combate aparecesse para estabelecer segurança.

Sentei-me na parte de trás de um Humvee com esse prisioneiro iraquiano muito doente e perguntei a mim mesmo o que todos aqueles soldados do comboio deviam estar se perguntando: Por que estamos fazendo isso por alguém que consideramos nosso inimigo? Não parecia justo. Eu podia aceitar arriscar a vida de americanos por um outro americano. Mas por um inimigo?

Eu me senti muito sozinho e nostálgico. Lá estava eu num veículo armado usando quilos de equipamentos de guerra e ao meu lado estava o atirador atento a tudo, constantemente procurando por alvos, fazendo sinal para que os veículos saíssem do caminho e gritando para os motoristas que não respondiam. Dirigimos o mais rápido que conseguimos em meio à agitação da guerra.

Sentindo pena de mim mesmo, puxei meu tocador de MP3. Soldados precisam estar alertas e vigilantes, mas eu pensei "Que mal há? Sou o oficial-maior deste comboio e ninguém dirá nada a mim". Então coloquei os fones de ouvido e liguei a música.

Meu genro, Eric, havia gravado umas mil músicas em meu MP3. Já que era domingo eu decidira escutar a primeira música religiosa que viesse. Era o Coro do Tabernáculo do Brooklin cantando "Com Certeza a Presença do Senhor Está Neste Lugar", de Lanny Wolfe. Eu já ouvira essa música centenas de vezes antes, mas naquele dia as palavras foram um lembrete potente para mim.

Acelerando em direção a Bagdá, entulhado dentro de um Humvee com muitas vidas em jogo, senti a presença de Deus como nunca antes. Literalmente me senti envolto por Deus: Deus ao meu redor, Deus acima de mim, Deus dentro de mim.

Com lágrimas correndo pelas faces empoeiradas, espiei para fora e vi iraquianos em suas roupas nativas, casas de paredes com limo, crianças brincando e palmeiras em pé. E com a mesma certeza com que senti a presença de Deus naquele Humvee, sentia a presença de Deus em tudo o que eu olhava ali, naquele país desolado, com os xiitas, com os sunitas e com os curdos.

Deus ama o Iraque.

Então pensei sobre o que aquele comboio estava fazendo e as palavras de Jesus vieram a mim: "Amor elevado tem o homem que é capaz de dar sua vida por outro". Fui preenchido por um profundo sentimento de paz. Ainda estava preocupado com a estrada à frente, mas tinha a impressão de que tudo daria certo no final. Sentia orgulho dos motoristas de todos os Humvees naquele dia. Estavam arriscando a vida para fazer algo honrado, nobre e sagrado. E eu sabia que Deus ama profundamente todas as pessoas em ambos os lados dessa guerra.

Esse sentimento de paz e contentamento perdurou em meu tempo no Iraque. Não tinha nada a ver com bravura ou coragem. Eu conseguia encontrar um oásis em meio ao perigo num espaço secular na extremidade do acampamento, em meio a belas flores. Foi lá que li essas palavras da Bíblia. "Não se preocupe. Em vez de se preocupar, reze. Deixe as petições e os elogios lapidarem suas preocupações em orações, permitindo que Deus saiba de suas preocupações. Antes que você perceba, um sentimento de completude divina, tudo se ligando para sempre, fará com que você se acalme. É maravilhoso quando Deus retira a preocupação do centro de sua vida. Aprendi agora a estar contente não importa sob quais circunstâncias... O que quer que eu tenha, onde quer que eu esteja, posso passar por tudo por intermédio de Quem me faz ser quem eu sou".[2]

Meu tempo no Iraque terminou algumas semanas mais cedo, quando nossa equipe médica respondeu a um sério acidente de carro na estrada. Já que era fora do acampamento, deveríamos usar o equipamento completo de batalha. Havia a preocupação de que não se tratasse de um acidente e sim de uma emboscada, portanto ficamos sabendo que a equipe de resposta rápida já estava no local para estabelecer segurança.

Quando chegamos ao lugar do acidente, a equipe não estava lá. Tínhamos de agir rápido, pois estávamos em território inimigo com apenas alguns soldados nos protegendo. Estava muito escuro, e quando a ambulância parou, abrimos as portas e pulamos para fora. Meu joelho de 52 anos não conseguiu agüentar o impacto do salto com todo aquele equipamento. Ele cedeu. Cuidamos das vítimas do acidente e voltamos ao acampamento em segurança. Entendi que havia acabado de torcer o joelho e achei que ele melhoraria sozinho.

Dias depois eu estava trabalhando num ambulatório em Bagdá e um dos ortopedistas me havia visto mancando e insistiu em examinar meu joelho. Ele disse que eu havia rasgado a cartilagem e que precisava de uma operação o mais rápido possível. Em poucos dias eu estava num vôo de resgate para a Alemanha e depois no Texas para um cirurgia no joelho.

Antes de ir eu havia me reunido com oficiais militares para discutir sobre meu retorno a uma missão da Heart to Heart com ajuda para os iraquianos. Os oficiais deram respostas positivas, em parte porque lembraram do que eu havia feito em Kosovo, e eles haviam desenvolvido respeito por missões humanitárias.

O sábado antes de eu ir embora foi um dos dias mais maravilhosos da minha vida. Eu estava escalado para ver pacientes e visitar o campo de prisioneiros. Quando terminei, um dos prisioneiros iraquianos me puxou de lado e disse que era uma tradição iraquiana dar um presente a um bom amigo. Ele me deixou impressionado quando retirou sua faixa de casamento: "Esta é minha aliança de casamento. Não vejo minha mulher há muitos anos e provavelmente nunca a verei. Gostaria de dar a você".

Inicialmente pasmo, por fim respondi: "Não, você tem de ficar com isso. Sua mulher gostaria que você tivesse ficado com ele acho que você a verá de novo. Você vai encontrá-la".

O que ele me disse me assustou. Ele disse que achava que não viveria por tempo suficiente para ver a esposa. Ele sentia que seria morto em breve. Ele me abraçou e disse um adeus choroso, então saí do complexo.

Eu posso debater sobre a guerra com qualquer um, agora que a vi em primeira mão. Para mim, pessoalmente, meu propósito era servir – apesar do debate – aliados e inimigos da mesma forma. Cresci num lar onde meus pais liam a Bíblia. Enquanto criança ficava perplexo ao ouvir as palavras "Ame seus inimigos". Como isso é possível?

O escritor Wendell Berry descreve a mesma tensão em seu romance *Jayber Crow*. O narrador descreve sua frustração enquanto sua pequena cidade se prepara para o embate durante a Segunda Guerra Mundial. O narrador havia sido criado com "Ame seu inimigo", assim como eu havia sido.

"Será que pensei que as grandes organizações mundiais seriam capazes de amar seus inimigos? Não. Eu não achava que grandes organizações pudessem amar qualquer coisa", ele escreveu.

O narrador pergunta o que havia causado a guerra.

"Ela foi causada, acho, porque as pessoas falharam em amar uns aos outros, falharam em amar seus inimigos. Fiquei contente por não ter me tornado pastor para não ter de ir para uma guerra fingindo que Jesus não nos disse para amar nossos inimigos."[3]

Eu simplesmente não posso escapar dessas palavras: Ame seus inimigos. Eu não as entendo. Resisto a elas. Mas se nossa vida será comprometida em servir aos outros, alguns desses "outros" podem ser nossos inimigos.

As palavras de Jesus estão parafraseadas desta forma em um livro chamado *A Mensagem*: "Dê sua vida... o que você tem é tudo o que você conseguirá. E você terá problemas à frente se estiver contente com o que tem. Você não ficará satisfeito por muito tempo. A vida não é sobre nós. Não é um concurso de popularidade. Nossa tarefa é ser honesto e não popular. Ame seus inimigos. Deixe que eles tragam o melhor de você. É uma oportunidade, então viva a ocasião para viver a vida de serviço. Se você apenas ama o amável, você espera uma medalha? Viva generosamente. Generosidade gera generosidade".[4]

Eu acrescentaria o seguinte: você pode *fazer uma vida*, o que significa medir o que você tem – ou você pode *ter uma vida*, que significa medir o que você dá.

O conceito de amar inimigos torna-se um pouco mais fácil, acredito, quando levamos a sério o conceito "A vida não é sobre nós". Quando começamos a entender a mensagem de que *não* somos o centro do universo, podemos começar a ultrapassar a nós mesmos. Enxergar os inimigos e amá-los é um sinal do quanto estamos indo bem.

Anne Lammot escreve sobre a dificuldade que ela tem sobre esse conceito, especialmente quando percebeu que aquilo não era negociável.

"Significava tentar respeitá-los", ela disse sobre quem considerava seus inimigos. "Significava identificar-me com sua humanidade e seus pontos fracos. Não significava aceitação incondicional de seu comportamento louco. Eles ainda eram responsáveis pelas atrocidades que tinham cometido, assim como você foi responsável pelas suas. Mas você se esforçou para melhorar, amando-os, pela mais profunda razão espiritual: Você estava tentando não deixar as coisas piores."[5]

Quando Adolph Coors IV era menino e morava no Colorado, um prisioneiro fugitivo pegou seu pai numa emboscada quando ele ia para o trabalho, certa manhã. Sete meses depois, os restos mortais de seu pai foram encontrados num aterro sanitário a quilômetros de distância. Sua mãe entrou em desespero e começou a beber. Adolph entrou para o Exército e ficou obcecado por músculos e poder. Quando ele saiu da Marinha, sua obsessão mudou para dinheiro e poder, apenas uma pequena mudança na obsessão original.

Após um acidente de carro quase fatal e a percepção de que seu casamento havia falhado, Coors teve uma experiência de conversão e chegou a uma conclusão parecida com a do anjo de Tolsóoi: ele viu que viver para os outros é a chave para uma vida feliz. Mas havia um aspecto de sua vida que ainda o incomodava. Ele odiava desesperadamente o homem que havia matado seu pai.

O homem havia sido capturado no Canadá e condenado à prisão perpétua no Colorado.

"Eu odiava o homem", disse Coors. "Mas o ódio é como um ácido traidor que não pode ser expelido sem machucar o coração que o contém. Eu posso falar por experiência própria que o ódio machuca mais quem odeia do que a pessoa que está sendo odiada."

Com a ajuda de outras pessoas, Coors acabou indo até a prisão para ver o assassino de seu pai. O prisioneiro se recusou a vê-lo. Por três vezes ele se recusou. Então Coors mandou-lhe uma carta pedindo perdão pelo ódio que ele havia carregado por tantos anos. Coors acrescentou que perdoava o homem que havia causado tanta dor para a família Coors. O ódio do coração de Coors foi substituído por amor.[6]

Como pode?

Trata-se de ser mudado de fora para dentro. Quando nos preocupamos com as necessidades dos outros, nossa própria vida é mudada dramaticamente. "Dentro do contexto da ação experimenta-se a presença de Deus", disse o sociólogo Tony Campolo.[7] É a isso que me refiro quando digo "Ame de Qualquer Jeito". Quando começamos a *agir como se amássemos*, quer o sintamos ou não, começamos a amar de verdade.

"Talvez você não tenha de amar seus inimigos", disse Jayber Crow. "Talvez você apenas precise agir como se amasse. E talvez você deva começar cedo."[8]

Amar inimigos ou amar e agir apesar das circunstâncias envolve uma decisão pessoal. Muitas pessoas não o fazem simplesmente porque não sabem que isso é uma opção. Ou acham que seria muito difícil. Mas tudo é muito difícil se apenas pensamos em fazer. As coisas ficam muito mais simples quando decidimos tentar algo e então realmente tentamos. Podemos começar onde estamos.

Esse tipo de ação exige uma decisão que, com o passar do tempo, fica mais fácil fazer. O Dalai Lama conta sobre o monge budista que esteve em prisões chinesas como preso político e em campos de trabalho forçado durante vinte anos. "Uma vez eu perguntei a ele qual tinha sido a situação mais difícil que ele encontrou na cadeia", disse o Dalai Lama. "Surpreendentemente, ele disse que seu maior medo era o de perder sua compaixão pelos chineses."[9]

Numa história de Tolstói, diferente daquela que foi contada na Introdução, uma chamada "Mestre e Homem", o personagem principal, um mercador ganancioso chamado Brekhunoff e seu ajudante, um simplório chamado Nikita, foram para uma vila em meio a uma brutal tempestade de neve. Brekhunoff deixa o trenó com Nikita dentro e tenta avançar sozinho com o cavalo. Sem conseguir fazer progresso ele retorna ao trenó, onde Nikita está quase morrendo de frio. Inicialmente Brekhunoff tenta proteger o empregado, como faria com qualquer uma de suas propriedades. Mas no ato de oferecer o calor de seu corpo para seu camponês e sentir Nikita reviver, Brekhunoff se transforma.

"Então ele começou a pensar em seu dinheiro, sua loja, sua casa, suas vendas e negócios e nos milhões de seu concorrente", escreve Tosltói. "Ele não conseguia entender como aquele homem que os homens chamavam de Vassili Brekhunoff poderia se interessar pelas coisas que se interessava." A vida para Brekhunoff havia sido medida pelo que ele conseguia adquirir. Mas ao se doar em serviço para Nikita, ele se completou.[10]

A decisão de amar os outros, especialmente os adversários, veio para Bud Anderson em Auburn, na Califórnia, quando um motorista embriagado bateu no carro que levava toda a família Anderson, que estava indo para a igreja, num domingo de manhã. Bud segurou seu filho ferido na rua, sem saber que o menino de 10 anos havia morrido. Sua filha de 6 anos morreu a caminho do hospital. Duas outras crianças ficaram seriamente feridas. A cena na estrada era tão grotesca que o primeiro oficial patrulheiro que chegou ao local olhou para o carro e seguiu para controlar o tráfego, em vez de pará-lo. Ele pediu demissão no dia seguinte.

"A dor de papai era opressiva", disse Ted Anderson, uma das crianças feridas que sobreviveu e hoje é professor universitário. "Como você segue em frente depois de uma coisa dessas?"

Duas coisas impediram que a família Anderson sentisse amargura e ódio para com o homem que matou duas de suas crianças. Uma delas foi uma frase da Bíblia que Bud teve de ler a vida toda: "Ame seus inimigos". A outra foi que Bud descobriu que o motorista tinha uma família, uma esposa e dois filhos e que estavam em uma péssima situação. O homem acabara de perder o emprego e estava prestes a perder o trailer onde a família morava.

Essa situação desagradável fez com que Bud visitasse o homem na cadeia.

"Eu disse a ele que não o machucaria, nem a sua família", disse Bud. "Eu disse que o perdoava. Ele ficou sem palavras."

No julgamento, o juiz perguntou a Anderson qual punição ele acreditaria ser justa.

"Eu disse 'Nada que você faça pode trazer meus filhos de volta, portanto, em vez de destruir a família dele deixando duas famílias destruídas, acho que podemos ajudá-lo'."

O juiz sentenciou o homem a seis meses de *fins de semana* na cadeia para que ele pudesse encontrar um novo emprego e ajudar a família.

"Não poderíamos ter feito aquilo sem o espírito correto", disse

Anderson. "Um homem que havia parado no local do acidente me disse que se aquilo tivesse acontecido com sua família ele teria matado o motorista bêbado na mesma hora, no meio da rua. O amor de Deus o impede de reagir de tal forma".

Exemplos como esse me fazem pensar que com prática e desejo é realmente possível amar um inimigo.

Quando o apartheid entrou em colapso na África do Sul, a Comissão de Reconciliação e Verdade foi encarregada de reconciliar negros e brancos. Ela deveria trazer justiça e determinar as punições. John Roth, em seu livro *Choosing Against War*, descreve uma senhora idosa negra cujo filho havia sido atingido por policiais, que então puseram fogo no corpo do menino e celebraram em volta dele. Anos depois, os mesmo homens puseram fogo em seu marido, depois de amarrá-lo numa pilha de madeira e jogar gasolina nele.

A comissão colocou a idosa na frente do líder do grupo, um homem chamado Van de Broek, enquanto preparava para sentenciá-lo. Os homens haviam confessado sua culpa e a comissão perguntara à mulher o que ela achava justo como punição.

"Eu quero três coisas", ela disse. "Eu quero que o sr. Van de Broek me leve até o local onde queimaram o corpo do meu marido. Eu quero juntar as cinzas e dar-lhe um enterro decente."

"Em segundo, o sr. Van de Broek tirou toda minha família de mim e eu ainda tenho muito para dar. Quero que ele venha duas vezes por mês ao gueto e passe um tempo comigo para que eu possa ser mãe para ele."

"Terceiro, quero que o sr. Van de Broek saiba que ele foi perdoado por Deus e que eu o perdôo também, e quero que alguém venha e me leve pela mão até onde está o sr. Van de Broek para que eu o abrace e ele entenda que meu perdão é real."[11]

Eu serei o primeiro a admitir que esse tipo de resposta é incomum. Não parece humanamente possível. Mas muitos de nós nem sequer pensam nessa ação como uma alternativa. Não só é uma alternativa como também é o caminho que nos ajuda a sair de nós mesmos para servir aos outros.

No livro *Father Joe*, o escritor Tony Hendra discute esse paradoxo com seu mentor, que diz a Hendra: "A verdadeira coragem não é odiar nosso inimigo ou lutar com ele e matá-lo. Amá-lo, amá-lo nos dentes de seu ódio – isso é a real bravura. As pessoas deveriam ganhar medalhas por isso".[12]

Esse tipo de comportamento não é premiado com medalhas ou dinheiro. Mas pode mudar nossa vida e nosso mundo.

Anyway: The Paradoxical Commandments [De Qualquer Forma: Os Mandamentos Paradoxais] foi escrito por Kent Keith. Uma cópia dos seus mandamentos está pendurada em um lugar visível nos orfanatos de Madre Teresa em Calcutá:

> As pessoas são ilógicas, irracionais e egoístas.
> *Ame-as, de qualquer forma.*
>
> Se você fizer o bem, as pessoas o acusarão de ter motivos egoístas ulteriores.
> *Faça o bem, de qualquer forma.*
>
> Se você fizer sucesso, ganhará falsos amigos e verdadeiros inimigos.
> *Faça sucesso, de qualquer forma.*
>
> O bem que você faz hoje será esquecido amanhã.
> *Faça o bem, de qualquer forma.*
>
> Honestidade e franqueza o deixam vulnerável.
> *Seja honesto e franco, de qualquer forma.*
>
> Os maiores homens e mulheres com as maiores idéias podem ser atingidos pelos menores homens e mulheres com as menores mentes.
> *Pense grande, de qualquer forma.*

As pessoas favorecem os prejudicados, mas apenas seguem quem não é.
Lute por alguns prejudicados, de qualquer forma.

O que você passa anos construindo pode ser destruído da noite para o dia.
Construa, de qualquer forma.

As pessoas realmente precisam de ajuda, mas podem atacá-lo se você ajudar.
Ajude as pessoas, de qualquer forma.

Dê ao mundo o melhor de si e você será chutado no rosto.
Dê ao mundo o melhor de si, de qualquer forma.[13]

Keith diz que esses mandamentos focam algo diferente do que a cultura parece valorizar (celebridade, influência, dinheiro). Em vez disso, o foco é em ajudar, amar, melhorar, perseverar, olhar para quem não consegue fazer nada por si mesmo. É uma mudança de foco, ele afirma, de olhar de dentro para fora de nós mesmos. Quando fazemos a diferença na vida de alguém, tornamos nossa própria vida diferente – para melhor.[14]

Ajudar outras pessoas a ver que é possível viver dessa forma é um dos maiores favores que podemos fazer pelas pessoas que nos cercam. O psiquiatra Scott Peck, famoso escritor, contou sobre uma paciente que sofria de extrema depressão. Ela ligou para ele no dia da consulta dizendo que não conseguiria chegar porque seu carro havia quebrado. Peck disse que estava disponível a buscá-la se ela não se importasse em esperar dentro do carro enquanto ele visitasse alguns pacientes no hospital perto dali.

Quando eles chegaram ao hospital, Peck teve uma idéia. Ele sugeriu que a mulher fizesse por ele a visita aos pacientes. Uma hora e meia depois a mulher retorna ao carro com excelente humor. Ela disse que tentar animar aqueles pacientes havia levantado seu próprio espírito e ela se sentia maravilhosa.

Peck disse a ela: "Agora nós sabemos como sair da depressão. Sabemos a cura para o seu problema".

E então a mulher respondeu: "Você não espera que eu faça isso todos os dias, não é?".[15]

Eu tinha a opção de deixar o inimigo iraquiano morrer com sua infecção abdominal. Adolph Coors IV tinha a opção de continuar odiando o assassino de seu pai. Bud Anderson tinha a opção de argumentar por um longo e amargo tempo de prisão para o homem que matou seus filhos. A sul-africana tinha a opção de pedir que os assassinos de sua família fossem trancafiados para sempre.

Essas são opções legítimas, e opções parecidas são exercitadas todos os dias por pessoas em todo o mundo. Se formos sérios sobre encontrar significado e sentido em nossa vida, no entanto, *há* opções. Elas incluem amar, perdoar e servir. Escolhendo-as, saberemos para que fomos colocados neste mundo.

Quando visitei novamente a família dos Shabiu em Kosovo, como civil, alguns anos haviam se passado desde que sua filha Merita fora assassinada. Depois de passar a maior parte do dia com eles eu perguntei como se sentiam em relação ao assassino de Merita, que cumpre a sentença de pena de morte sem possibilidade de liberdade condicional numa penitenciária federal dos Estados Unidos.

"Você tem algum recado que gostaria que eu desse a ele quando voltar aos Estados Unidos?", perguntei. Os pais de Merita discutiram sobre minha pergunta em sua língua albanesa nativa durante vários minutos.

Então fiz outra pergunta diferente.

"Você acha que ele deveria ser morto pelo que fez com sua filha?"

Mais discussão.

Finalmente o pai de Merita disse: "Ele já está pagando o preço por suas ações. Não vemos razão para fazer duas mães chorarem. Uma já chega".

Isso é amar de qualquer forma.

Capítulo Nove

Puxe a Flecha

Se alguém cruzar com uma pessoa que foi atingida por uma flecha, não se perde tempo perguntando de onde veio a flecha ou qual a casta do indivíduo que a lançou, nem analisando de que tipo de madeira é feita ou como foi confeccionada. Em vez disso, imediatamente se puxa a flecha.

Shakyamuni, o Buda[1]

Um dos meus lugares favoritos para praticar a medicina é nas altas montanhas de Papua, Nova Guiné, entre a civilização mais antiga do mundo. Trata-se de uma população descoberta por aviões que voavam por sobre as montanhas durante a Segunda Guerra Mundial. Sempre volto para visitar a clínica deles, que não possui nenhuma das conveniências dos hospitais modernos.

Algumas das vilas onde trabalho exigem dias de viagem para se chegar até elas. Um pequeno avião me deixa em uma pista de pouso rudimentar e então caminho um ou dois dias no meio da floresta para chegar até o hospital. As tribos dessa floresta têm guerreado por milhares de anos. E, enquanto algumas vilas têm eletricidade e carros, eles ainda ajustam suas diferenças tribais com suas armas de escolha: o arco e a flecha.

Muitos dos ferimentos tratados no hospital envolvem guerreiros que vêm com flechas fincadas no peito. Nunca perguntei nem nunca ouvi nenhum médico perguntar "Quem atirou em você?". Nenhum de nós jamais comentou sobre a alta qualidade das flechas. Nem perguntamos às vitimas: "O que você fez para merecer isso?". Nunca dissemos: "Vocês podem encontrar um jeito mais humano para discordar?".

Nosso trabalho é puxar a flecha.

Isso é algo que cada um de nós pode fazer pelo outro. Alguém a seu alcance está sofrendo pela perda de um ente amado. Essa é uma flecha que podemos puxar se visitarmos a pessoa oferecendo ajuda. Alguém a seu alcance está tendo dificuldade para encontrar um ponto de ônibus. Você pode tirar essa flecha dando uma carona para essa pessoa. Alguém está tendo dificuldade para encontrar uma babá, ou o dinheiro para um tanque de gasolina, ou uma refeição. Flechas. Elas estão fincadas nas pessoas ao nosso redor se pudéssemos apenas enxergá-las. É uma questão de ver e fazer.

Todos podem fazer alguma coisa.

Muito deste livro tem sido sobre mudar a forma de olhar para o mundo e para os nossos papéis nele. Em vez de enxergar um mundo cheio de necessidades e dizer "Estou dominado por isso", podemos ver um mundo cheio de necessidade e dizer "Eu posso fazer algo. Tenho algo que alguém precisa. Eu posso ajudar".

Malcolm Gladwell, em seu livro *The Tipping Point*, disse que as dimensões do mundo que parecem tão concretas (por exemplo, a crença de que eu não tenho nada que possa melhorar o mundo) podem mudar quando as pessoas vêem que é possível e que elas têm capacidade de mudar seu comportamento e suas crenças com o tipo certo de catalisador.

"Olhe para o mundo à sua volta", ele escreve. "Pode parecer um lugar imóvel, implacável. Mas não é. Com o menor ato no lugar certo ele pode ser mudado."[2]

Neste livro tentei mostrar como é natural para nós o ato de servir aos outros. Custa dinheiro, tempo e atenção, mas espero que todos os leitores tenham entendido até este ponto que todos temos algo para dar, neste exato momento, que pode ajudar alguém. Fazendo isso estamos tratando de uma das questões mais fundamentais da vida, a questão que foi levantada pelo anjo do conto de Tolstói, que perguntou: "De que vivemos?". O que traz sentido e propósito para a nossa vida? Amar um ao outro, cuidar um do outro, servir um ao outro, é disso que vivemos.

A maior parte das pessoas está disponível a dar quando vê a necessidade. Todos podem fazer algo agora.

Madeleine L'Engle, uma das maiores escritoras infantis, conta sobre ter sido entrevistada por um aluno da Universidade de Columbia. Em resposta a uma pergunta, L'Engle disse que ela faz "pequenas coisas que são postas diariamente no meu caminho, como sorrir para o carregador durão que está entregando as caixas de produtos no armazém". O aluno perguntou se aquilo era autocompensador.

"É?", pergunta L'Engle. "Pode ser que sim, mas se não vejo as pessoas com fome pelas quais eu passo todos os dias, se eu não sorrir para o homem mal-humorado, se eu não der comida para o estranho que bate à minha porta ou se eu não der um copo de água para uma criança com sede, então não posso ver a fome das pessoas na Índia ou na América do Sul. Talvez, se vir imagens no noticiário ou nos jornais de vítimas de um terremoto, enchente ou seca, eu assine um cheque para a causa da fome mundial; posso até mesmo me recusar a comer carne nas quartas-feiras; mas enquanto eu estiver respondendo a uma causa, ela não afetará minha vida toda, minha própria respiração. É somente quando vejo fome e sede num ser humano, apenas quando vejo discriminação e injustiça em suas horríveis particularidades ao caminhar pela Broadway que minha vida pode ser mudada."[3]

Ela captura a essência do que significa servir aos outros. Não se trata de abraçar uma causa ou iniciar um novo trabalho de auxílio. L'Engle vê que há necessidades ao nosso redor todos os dias e temos a oportunidade de suprir tais necessidades. É assim que servimos e amamos. É disso que vivemos. Há uma flecha ao alcance.

Uma senhora idosa da minha igreja, Mattie Uphaus, mostrou-me a verdade disso quando, poucos anos antes de morrer, ela contou à nossa congregação sobre ter crescido em uma pequena fazenda em Kansas. Durante o Natal de certo ano o pastor de sua igreja falara sobre uma família na comunidade que não tinha quase nada – as crianças mal tinham o que comer e vestir e com certeza não tinham nenhum brinquedo nem dinheiro. Seu pedido aos membros da igreja era que tornassem o Natal dessa família especial.

Quando pequena, Mattie discutiu o assunto com sua família e eles decidiram coletar um pouco do seu dinheiro para essas pessoas desafortunadas. Cada um deles sacrificava algumas moedas quando isso era possível. Na igreja onde foi feita a coleta, Mattie e sua família orgulhosamente foram até a frente e depositaram cerca de 2 dólares.

Quando chegou a hora de entregar os presentes, Mattie disse que levou o choque de sua vida. Era sobre a família *dela* que o pastor havia falado! Era para a família *dela* que a igreja havia coletado dinheiro.

"Aparentemente éramos pobres daquele jeito e eu nem percebia!", disse ela para nossa congregação, que ria. "E foi quase uma decepção. Nossa alegria era a conspiração para dar. Não nos divertimos tanto quando ganhamos." O que me chocou sobre sua história foi a resposta dos membros de sua família quando eles inicialmente ouviram falar sobre essa "pobre" família. Eles sabiam que podiam dar algo. Todos têm algo para dar. Todos podem começar por onde estão.

Algo ocorre conosco quando começamos a servir aos outros. Nossa vida faz mais sentido. Quando Mitch Albom começou a visitar seu professor que estava morrendo, Morrie Schwartz, Mitch escreveu: "Eu gostava mais de mim quando estava lá".[4] Ele gostava mais de si porque é para isso que estamos na Terra. Morrie ensinou a Mitch algumas lições de vida valiosas, especialmente por meio de algumas de suas últimas palavras: "Ame um ao outro ou morra".[5]

Visitando Morrie, levando-lhe salgados todas as terças-feiras, simplesmente escutando o homem, Mitch serviu a Morrie e descobriu o poder do propósito e da ação. Em seu mundo ele deu um empurrão na direção certa, como diria Gladwell, e seu mundo mudou para melhor.

Algo a mais ocorre quando servimos aos outros. Acredito que, quando olhamos para as necessidades dos outros, podemos experimentar uma transcendência que nos conecta com o mundo superior. O rabino Lawrence Kushner (sem relação com Harold Kushner) disse: "Todos carregam consigo uma ou talvez várias peças do quebra-cabeça de alguém. Às vezes eles sabem; às vezes não. E quando você apresenta sua peça, que não tem valor para você, para outro, quer ele saiba, quer não, você é um mensageiro do Mundo Superior".[6]

Puxar a flecha, servir ao outro, amar o outro é fornecer uma peça do quebra-cabeça da vida que todos estão procurando. Ajudamos alguém e descobrimos que há poder em fazer isso – o poder de viver como devemos viver. Foi o que Madre Teresa descobriu quando começou a servir aos mais pobres entre os pobres. Foi o que Pete O'Neal descobriu quando ele e Charlotte começaram a servir a sua comunidade. Foi o que os Larson descobriram quando começaram a fornecer água para seu vilarejo. Foi o que Mattie Uphouse descobriu quando se sacrificou por aquela "pobre" família.

Dirigindo-se a alunos universitários, Anne Lammot deu o seguinte conselho aos formandos: "Primeiro, encontre um caminho e uma luz para seguir. Então arregace as mangas e comece a ajudar. Qualquer tradição espiritual diz que você deve cuidar dos pobres ou estará tão condenado que nem Jesus nem Buda poderão ajudá-lo. você não precisa cruzar oceanos. Há pessoas neste país que são pobres de espírito, preocupadas, deprimidas, dançando o mais rápido que podem; seus filhos estão doentes ou suas economias acabaram. Há muita solidão entre nós, solidão ameaçadora. As pessoas desistiram da paz e da igualdade... Faça o que você puder, o que as pessoas boas sempre fizeram: dê água para quem tem sede, divida sua comida, tente ajudar os sem-teto a encontrar abrigo, defenda os prejudicados".[7]

Não podemos mais esperar que o governo preencha as lacunas. Já vimos o que acontece quando entregamos nas mãos das instituições. Entregar não é a resposta. Nossa presença é a resposta. Quando deixamos que o governo ou as empresas sirvam aos outros, perdemos a oportunidade de encontrar significado e sentido em nossa vida.

O que cada um de nós pode fazer? Olhe ao seu redor. Nós somos as pessoas pelas quais outras têm esperado.

Agora olhe para suas mãos. Vê a planta da capa deste livro? Está crescendo. O poder de ajudar os outros começa agora.

Exatamente onde você está.

Sobre a Heart to Heart

A história da Heart to Heart International é sobre ligar pessoas e recursos com um mundo em necessidade. A Heart to Heart começou com a idéia de juntar pessoas no coração da América para ajudar pessoas no coração da Rússia. Os mesmos ideais que motivaram o dr. Gary Morsch, fundador da Heart to Heart, a organizar o maior vôo de voluntariado da história dos Estados Unidos ainda ressoam hoje em todas as operações de organizações humanitárias.

Uma das coisas mais incríveis sobre aquele primeiro vôo foi que todos foram convidados a ajudar na iniciativa. Pessoas com todo tipo de histórico de vida foram cativadas pela idéia de que poderiam fazer parte de algo que tivesse um impacto global. A Heart to Heart continua convidando pessoas para ajudar seus companheiros, seja do outro lado da rua, seja do outro lado do mundo. A organização também procura ajudar pessoas em desespero, independentemente de raça, religião ou crença política.

Os voluntários que participaram do vôo inaugural da Heart to Heart descobriram um benefício significativo ao ajudar os outros. Muitos contaram que aquele vôo havia sido a coisa mais significativa que já haviam feito. Hoje a Heart to Heart oferece múltiplas oportunidades para um serviço significativo. A organização acredita que vidas são transformadas quando pessoas que podem ajudar são ligadas com as que precisam de ajuda. O incrível é que ambos são transformados no processo. Voluntários geralmente falam que receberam mais do que deram durante a experiência de servir. Essa transformação toda é parte da agenda pessoal da Heart to Heart.

Embora os voluntários sejam uma parte importante para criar um mundo mais saudável, a organização confia de forma convicta nos parceiros que literalmente fazem com que o trabalho saia do chão. Naquele primeiro vôo a Heart to Heart encontrou parceiros na indústria farmacêutica, em grupos civis, em comunidades religiosas, em altos setores do governo e outros. Hoje a organização prospera em suas relações com associações médicas de liderança, com as maiores empresas do mundo, com oficiais do governo em todas as partes do mundo. A Heart to Heart está moldando a cultura desses parceiros e ajudando-os a se conectar com um mundo em necessidade.

O genial sobre o primeiro vôo da Heart to Heart foi que tudo foi doado: todos os remédios e suprimentos de primeiros-socorros, o avião de carga, o suporte financeiro e as horas dos voluntários. A Heart to Heart mantém a tradição de eficiência enquanto sempre tenta entregar a maior qualidade em qualquer esforço humanitário. A organização está constantemente entre as organizações humanitárias de liderança em termos de responsabilidade fiscal. Historicamente a Heart to Heart opera com menos de 2 por cento de gastos, o que significa que mais de 98 por cento do que arrecada é doado diretamente nas operações humanitárias. Em média a Heart to Heart consegue transformar cada US$ 1 doado em US$ 25 em recursos médicos.

O QUE FAZEMOS

A cada ano a Heart to Heart está ativamente trabalhando com o desenvolvimento da medicina em quase 60 países pelo mundo, incluindo os Estados Unidos. A organização identifica partes das necessidades humanas e encontra formas de satisfazer tais necessidades. A Heart to Heart utiliza voluntários e membros de sua aliança global para criar uma linha de fornecimento viável de recursos médicos e outros serviços. O maior resultado da Heart to Heart é um mundo mais sudável. Por causa dos programas humanitários da Heart to Heart, milhões de pessoas vivem vida mais saudável, sobreviventes de desastres têm esperança, recém-nascidos dão seu primeiro sopro de vida, pessoas conseguem enxergar novamente, mães sobrevivem aos partos e os pobres e necessitados da América sabem que alguém se preocupa com eles.
Aqui segue um resumo das operações globais da Heart to Heart:

- Internacionalmente a Heart to Heart trabalha para melhorar a qualidade do serviço médico e tenta aumentar o acesso aos serviços médicos nos países em desenvolvimento. A organização recruta voluntários e solicita membros de alianças globais que forneçam treinamento médico para profissionais de saúde, consegue políticas de saúde mais baratas e acessíveis, organiza projetos especiais que visam aumentar a qualidade de vida para mulheres e crianças vulneráveis e opera com eficiência na infraestrutura local para criar comunidades mais saudáveis. A Heart to Heart também funciona como especialista em programas de assistência humanitária dentro da comunidade global para endereçar questões mais amplas, tais como epidemias, mortalidade infantil e saúde materna.

- Nos Estados Unidos a Heart to Heart trabalha para aumentar a qualidade de vida de uma das populações mais pobres da América. Treinando e designando voluntários dentro da rede de auxílio da agência, a Heart to Heart expande a capacidade dessas instituições de servir aos pobres em suas comunidades. Além disso, a organização envolve seus parceiros no apoio de iniciativas locais e nacionais para que pessoas tenham vida mais saudável. A Heart to Heart é uma de muitas organizações que possuem operações vibrantes tanto no campo internacional como no doméstico.

- Em tempos de desastres a Heart to Heart tem uma abordagem holística. Junto com as alianças globais da organização, a Heart to Heart criou uma estrutura de prontidão que permite responder às vitimas de desastres naturais e tragédias humanas de qualquer parte do mundo. Como a Heart to Heart mobiliza seus voluntários de base e membros aliados, a organização trabalha para salvar o maior número de vidas possível fornecendo recursos médicos de alta qualidade, abrigos duráveis, água potável e alimentos não-perecíveis para auxiliar os sobreviventes em seus primeiros dias e semanas após eventos de crise. A Heart to Heart então trabalha juntamente com oficiais locais para que a comunidade comece a pensar no futuro. Enquanto ocorre o processo de reconstrução, a Heart to Heart normalmente oferece ajuda em projetos de infra-estrutura que focam em clínicas, escolas e centros comunitários. O maior objetivo da organização em cada resposta às crises é ajudar a criar uma nova e mais forte comunidade depois de um desastre. Por causa da especialidade em crises, a comunidade de auxílio internacional geralmente conta com a Heart to Heart para que organize iniciativas específicas que visam reparar serviços médicos e reconstruir vidas.

Se você tiver interesse em aprender mais sobre a Heart to Heart, em juntar-se à força crescente dos voluntários ou envolver sua empresa ou organização na aliança global, contate a organização de uma das seguintes maneiras:

Heart to Heart International
401 South Clairborne, Suite 302
Olathe, KS 66062
Telefone: 913-764-5200
Fax: 913-764-0809
E-mail: Info@HeartToHeart.org
Internet: www.HeartToHeart.org

Notas

Introdução

1 Joseph Campbell, *O Poder do Mito* (Nova York: Anchor, 1991), p. xiv.
2 Leon Tolstói, "De Que Vivem os Homens", Walk in the Light & Twenty Three Tales (Maryknoll, NY: Orbis, 2003), p. 121-44.
3 Sheryl Fred, "Can't Hurry Love", Science & Spirit 14 (1): 38.
4 Sua Santidade o Dalai Lama e Howard Cutler, *A Arte da Felicidade* (Nova York: Riverhead, 1998), p. 58-59.
5 Ibid., 59.
6 Ibid.
7 Fred, "Can't Hurry Love", 38.
8 Richard A. Kauffman, "Beyond Bake Sales", Christianity Today (16 de junho, 1997): 12.
9 Ibid., 13.
10 Campbell, *O Poder do Mito*, p. 4-5.
11 Fiódor Dostoiévski, *Irmãos Karamázov* (Nova York: Bantam, 1970), p. 935-36.
12 Huston Smith, *Why Religion Matters* (São Francisco: HarperSanFrancisco, 2001), p. 206.
13 Mitch Albom, *A Última Grande Lição* (Nova York: Doubleday, 1997), p. 43-44.
14 Kauffman, "Beyond Bake Sales", 13.

Capítulo 1 Entre no Barco

1 Mitch Albom, *A Última Grande Lição* (Nova York: Doubleday, 1997), p. 163.

Capítulo 2 Supere a Si Mesmo

1 William Sloane Coffin, *The Heart is a Little to the Left* (Hanover: University Press of New England, 1999), p. 12.
2 Dostoiévski, *Irmãos Karamázov*, p. 277.
3 João, 13:5.
4 Jim Wallis, *God's Politics* (São Francisco: HarperSanFrancisco, 2005), p. 16.
5 Henri Nouwen, *Adam* (Maryknofl, Nova York: Orbis Books, 1997), p. 76.
6 Ibid., p. 90.

Capítulo 3 Veja Suas Mãos

1 *Festa de Babette*, Orion Classics, 1987.
2 Frederick Buechner, *The Sacred Journey* (Nova York: HarperCollins, 1982), p. 107.
3 Anne Lamott, *Travelling Me*rcies (Nova York: Pantheon Books, 1999), p. 68.
4 Henri Nouwen, *Reaching Out* (Nova York: Doubleday, 1975), p. 9.
5 Ibid., p. 48.

Capítulo 4 Dê o Que Você Puder

1 Hendra Tony, Father Joe (Nova York: Random House, 2004), p. 99.
2 Wendell Berry, *Jayber Crow* (Nova York: Counterpoint, 2000), p. 149-150.

Capítulo 5 Pense Pequeno

1 Anne Lamott, *Plano B* (Nova York: Riverhead, 2005), p. 132.
2 Lucas, 10:30-37.
3 Thomas Keating, *The Kingdom of God is Like…* (Nova York: Crossroad, 1994), p. 19-21.
4 Harold Kushner, *How Good Do We Have to Be?* (Boston: Little, Brown, 1996), p. 140-41.
5 Ibid., p. 63.
6 Huston Smith, *Why Religion Matters* (São Francisco: HarperSanFrancisco, 2001), p. 151-53.

Capítulo 6 Esteja Lá

1 Harold Kushner, *Living a Life That Matters* (Nova York: Knopf, 2001), p. 145.
2 Tony Campolo, *Let Me Tell You a Story* (Nashville: Word, 2000), p. 216-20.
3 Anne Lamott, *Traveling Mercies* (Nova York: Pantheon, 1999), p. 163.
4 Hendra Tony, *Father Joe* (Nova York: Random House, 2004), p. 95-96.
5 Ibid., p. 269.
6 Henri Nouwen, *Reaching Out* (Nova York: Doubleday, 1975), p. 46.

7 Lauren Winner, *Mudhouse Sabbath* (Brewster, Miliampère: Paraclete, 2003), p. 40-53.
8 Henri Nouwen, *Reaching Out*, p. 51.
9 Hotel Ruanda (filme), United Artists, 2004.
10 James Fowler, *Stages of Faith* (São Francisco: HarperSan-Francisco, 1981), p. 203.
11 Harold Kushner, *Living a Life That Matters*, p. 86-97.

Capítulo 7 Perder para Ganhar

1 Viktor Frankl, *Man's Search for Meaning*, (Nova York: Washington Square, 1963), p. 24.
2 Robert Pirsig, *Zen and the Motorcycle Maintenance* (Nova York: Bantam, 1974), p. 273.
3 Citado por Scott Lafee Em "Fail Safe", *The San Diego Union Tribune*, 20 de julho, 2005, F-I.
4 Ibid., F-4.
5 Ibid.
6 Sua Santidade o Dalai Lama e Howard Cutler, *A Arte da Felicidade* (Nova York: Riverhead, 1998), p. 127-28.
7 Dwight Johnson, *The Transparent Leader* (Mechanicsburg, PA: Executive Books, 2001), p. 15-23.
8 Sua Santidade o Dalai Lama e Howard Cutler, *A Arte da Felicidade*, p. 230-31.

Capítulo 8 Ame de Qualquer Jeito

1 Mateus, 5:44.
2 Filipenses, 4:6-7, 11-13.
3 Wendell Berry, *Jayber Crow* (Nova York: Counterpoint, 2000), p. 142-143.

4 Eugene Peterson, *A Mensagem* (Colorado Springs: Navpress, 1993), p. 21-22.
5 Anne Lamott, *Plano B* (Nova York: Riverhead, 2005), p. 22.
6 Dwight Johnson, *The Transparent Leader* (Mechanicsburg, PA: Executive Books, 2001), p. 76-86.
7 Gary Morsch e Dean Nelson, *Heart and Soul* (Kansas City: Beacon Hill, 1997), p. 11.
8 Wendell Berry, *Jayber Crow*, p. 142.
9 Sua Santidade o Dalai Lama e Howard Cutler, *A Arte da Felicidade* (Nova York: Riverhead, 1998), p. 302.
10 Leon Tolstói, *Great Short Works of Leo Tolstoy* (Nova York: HarperCollins, 1967), p. 451-500.
11 Philip Gulley e James Mulholland, *If God Is Love* (São Francisco: HarperSanFrancisco, 2004), p. 265-66.
12 Tony Hendra, *Father Joe* (Nova York: Random House, 2004), p. 118.
13 Kent Keith, *Anyway: The Paradoxical Commandments* (Nova York: Putnam, 2001), p. 105-107.
14 Ibid.
15 Tony Campolo, *Let Me Tell You a Story* (Nashville: Word, 2000), p. 91.

Capítulo 9 Puxe a Flecha

1 Sua Santidade o Dalai Lama e Howard Cutler, *A Arte da Felicidade* (Nova York: Riverhead, 1998), p. 246.
2 Malcolm Gladwell, *The Tipping Point* (Boston: Little, Brown, 2000), p. 259.
3 Madeleine L'Engle, *The Irrational Season* (Nova York: Crosswicks, 1977), p. 139.
4 Mitch Albom, *A Última Grande Lição* (Nova York: Doubleday, 1997), p. 55.
5 Ibid., p. 163.

6 Harold Kushner, *Living a Life That Matters* (Nova York: Knopf, 2001), p. 143.

7 Anne Lamott, *Plano B* (Nova York: Riverhead, 2005), p. 307-308.

O PODER DE SERVIR AOS OUTROS
foi impresso em São Paulo/SP, pela RR Donnelley,
para a Larousse do Brasil em junho de 2008.